만일 당신의 결혼 생활과 가정이 믿음 안에서 날마다 자라기를 원한다면 이 책을 놓치지 말라.

— 브루스 윌킨슨(Bruce Wilkinson),
〈뉴욕 타임즈〉 선정 베스트셀러 1위 「야베스의 기도」의 저자

「영적으로 건강한 가정 만들기」를 추천하게 되어 기쁘다. 저자가 말한 것처럼, '사랑을 주고받는 것은 단순히 말로만 되는 것이 아니다. 그것은 그들의 삶에 대한 깊은 관심과 그 안에 동참하고자 하는 강한 의지를 보여주는 가운데 그들과 대화하는 것이다.'

— 엘리자벳 엘리엇(Elisabeth Elliot)

우리에게는 과거 그 어느 시대보다 더 건강하고 사랑이 넘치는 가정이 필요하다. 나는 데니스와 바바라가 우리 가정으로 하여금 그리스도와의 관계를 중심에 두게 하는 것이 얼마나 중요한가를 지속적으로 강조해준 것에 대해 깊이 감사한다.

— 게리 스몰리(Gary Smalley)

레이니 부부는 하나님이 의도하신 건강한 가정으로 성장시키도록 이상적인 환경을 조성하는 데 도움이 될 열 가지 '영적 씨앗'을 소개한다.

— 토니 에반스(Tony Evans) 박사,
오크 클리프 바이블 펠로우십의 담임 목사이며 어반 얼터너티브의 대표

운동 경기에서 우승하는 팀은 하룻밤 사이에 만들어지는 것이 아니다. 우승컵을 차지하기까지는 시간과 정력과 희생과 철저한 경기 계획이 필요하다. 만일 당신이 승리하는 가정을 원한다면 당신의 코치로서 데니스와 바바라 레이니 부부가 이 책에서 제시하는 승리의 경기 계획으로 당신을 돕고자 하는 것을 받아들이라.

— 호세 알바레즈(Jose Alvarez),
남편이며 아버지이자 메이저 리그 애틀란타 브레이브스의 전직 투수

Growing a Spiritually Strong Family
by Dennis and Barbara Rainey

Originally published in English under the title:
Growing a Spiritually Strong Family
Copyright ⓒ2002 by Dennis and Barbara Rainey
Published by Multnomah Publishers, Inc.
204 W. Adams Avenue, P. O. Box 1720-Sisters,
Oregon 97759 USA
All rights reserved.

All non-English rights are contracted through
Gospel Literature International,
PO Box 4060, Ontario CA 91761-1003, USA

Korean translation copyright ⓒ 2003 by Timothy Publishing House
Kwan-Ak P.O.Box 16, Seoul, Korea

이 책의 한국어판 저작권은 W Publishing Group과의 독점판권 계약에 의해
도서출판 디모데에 있습니다. 저작권법에 의하여 한국 내에서 보호를 받는 저작물이므로
무단 전재와 무단 복제를 금합니다.

영적으로 건강한
가정 만들기

우리 가정을 행복하게 하는 10가지 영적 씨앗

데니스 & 바바라 레이니 지음
김창동 옮김

도서출판 디모데

목 차

영적으로 건강한 가정 만들기

감사의 말 | 6
서문 | 9
1. 뿌리를 깊이 내리라 | 13
2. 배우자와 함께 기도하라 | 24
3. 자녀에게 자신을 내어주라 | 35
4. 올바로 먹으라 | 48
5. 항로를 정하라 | 60
6. 배우자와 낭만을 즐기라 | 70
7. 제자를 훈련시키라 | 79
8. 어두움과 싸우라 | 90
9. 휴식을 취하고 재충전하라 | 104
10. 언약을 지키라 | 110
기쁨을 누리라! | 121
미주 | 126

감사의 말

모든 책은 그 크기에 상관없이 그 책이 만들어지는 동안 중요한 역할을 감당한 사람들의 자리가 필연적으로 있기 마련이다. 다음 사람들이 이 책을 만들기 위해 기울인 노력은 기립박수를 받기에 충분한 것이다.

무엇보다 먼저 브루스 니그렌(Bruce Nygren)에게 깊이 감사를 표한다. "브루스, 이 책이 만들어지는 동안 당신과 당신 가정은 몇 가지 어려운 일을 겪었소. 당신의 우정 그리고 예수 그리스도와 그분의 말씀과 가정이라는 제도에 대한 당신의 사랑에 감사를 드리오."

그리고 FamilyLife의 이사 업무 지원팀인 재닛 로간(Janet Logan), 존 메이저스(John Majors), 체리 토러슨(Cherry Tolleson)에게 감사한다. "당신들은 항상 그 자리에서 우리 뒤를 밀어주었소."

그밖에 도움을 준 FamilyLife의 다른 부서원들인 벤 콜터(Ben Colter), 멀리 엥겔(Merle Engel), 클락 홀링스워드(Clark

Hollingsworth), 밥 레파인(Bob Lepine), 덕 마틴(Doug Martin), 태미 마이어스(Tammy Meyers), 톤다 네이션즈(Tonda Nations), 밥 페인(Bob Paine)에게 감사한다. 그리고 근무 중이 아닌데도 항상 부름에 응해준 팻 클랙스턴(Pat Claxton)에게 심심한 사의를 표한다.

그리고 멀트노마 출판사의 협력자인 돈 제이콥슨(Don Jacobson), 빌 젠슨(Bill Jensen), 데이빗 콥(Davib Kopp), 클리프 부어스마(Cliff Boersma), 데이빗 웹(David Webb)에게 감사하며, 편집 작업을 멋지게 해준 짐 런드(Jim Lund)에게 특별한 감사의 말을 전한다.

'약속을 지키는 사람들(The Promise Keepers)'은 데니스(Dennis)에게 '당신의 아내를 영적으로 인도할 수 있는 25가지 방법'이란 주제로 수천 명의 사람들에게 강연할 수 있는 놀라운 기회를 주었다. 그 강연의 메시지는 이 책의 아이디어에 큰 자극제가 되었다.

이제 결혼하여

각자 자기 가정을 꾸린 우리의 여섯 자녀에게

이 책을 바친다.

애슐리와 마이클 에스쿠(Ashley and Michael Escue)

벤과 마샤 케이 레이니(Ben and Marsha Kay Rainey)

사무엘과 스테파니 레이니(Samuel and Stephanie Rainey)

너희들의 결혼 생활과 가정이 그리스도 안에서

더욱 강건하게 자라가기를 기도한다!

서문

 벌써 몇 년이 지났지만 우리 가족은 그날 밤 일을 아직도 생생히 기억하고 있다. 그날 밤 내(데니스)가 일을 마치고 집에 돌아와 보니 식기 세척기는 작동을 멈췄고, 싱크대 배출구는 꽉 막혔으며, 집 안은 온통 홍수와 태풍이 동시에 휩쓸고 지나간 직후처럼 보였다. 세 살짜리 녀석은 몸이 아픈 데다가 시리얼 조각을 부숴뜨리며 거실 전체에 뿌려댔고, 이제 갓 돌이 지난 딸아이는 초콜릿이 잔뜩 묻은 손을 아빠에게 내밀며 안아달라고 보챘다. 다섯 살짜리는 부러져 깁스를 한 팔을 마구 흔들어댔고, 열 살과 여덟 살 먹은 큰 애들은 한 목소리로 배가 아프다고 호소하고 있었다.

 아내 바바라(Barbara)는 당장에라도 산꼭대기로 도망갈 준비를 마친 것처럼 보였다. 만일 바바라가 도망간다면, 나도 얼른 그 뒤를 바짝 좇았을 것이다.

 당신에게도 자녀들이 있다면 우리의 심정을 충분히 이해했을 것이다. 가정의 문제는 그런 일들이 날마다 일어난다는 것이다! 살다보면 좋을 때도 있고 좋지 않을 때도 있다. 결혼을 하고 가정을 꾸려나가는 일은 겁쟁이들이 할 수 있는 것이 아니다. 그 여정은 길고도 힘든 길이다. 그러나 부모된 우리들은 우리가 날마다 행하는 일들이 그들과 함께 지내는 이 몇 년 이상으로 훨씬 더 중요한 의미를 갖고 있다는 것을 알고 있다.

최근에 내가 사역하고 있는 FamilyLife에서는 미국 전역에서 현재 교회에 출석하고 있는 사람들에게 다음과 같은 질문을 한 적이 있다. "당신의 삶 가운데 현재 도움이 필요한 부분은 어느 영역입니까?"[1] 그중 가장 많은 응답을 보인 네 가지 항목 가운데 세 가지는 영적인 훈련과 성장에 관한 관심이었다. 우리는 우리 자신과 자녀들이 영적으로 더 깊은 삶을 살기를 절실히 바란다. 그러나 우리는 그러한 영적 성장을 가로막고 있는 문화 가운데 살고 있다.

당신도 이 문제에 공감하고 있는가? 만일 그렇다면 이 작은 책은 바로 당신을 위한 것이다. 우리는 이 책이 당신의 가정에 필요한 즉각적이고도 현실적인 권면과 방향 제시를 해줄 것이라고 믿는다. 이 책은 당신이 마음을 산만하게 하는 주위에 있는 모든 것들을 옆으로 밀쳐두고 진정으로 중요한 것들, 곧 하나님, 그분의 말씀, 가정 그리고 영원과 같은 것들을 향해 다시 초점을 맞추도록 초대한다.

우리 부부는 30년이 넘는 세월 동안(우리 두 사람을 합하면 60년이 된다!) 전국적인 사역을 인도하고 여섯 명의 자녀를 키워오는 가운데, 영적으로 건강한 가정을 세우기 위해 반드시 필요한 열 가지 요소들을 찾아냈다. 만일 당신과 당신의 가정이 이 효과적인 성경의 원리를 적용하고 실천한다면, 당신의 가정에도 영적 활력이 넘치게 될 것을 보장한다. 우리가 이것을 담대히 약속할 수 있는 것은, 그것이 우리 가족과 자신을 위한 우리의 소원일 뿐만 아니라 바로 하나님이 원하시는 것이기 때문이다.

이 책에 나오는 열 개의 '영적 씨앗'은 당신과 당신의 배우자가 가족들의 믿음을 성장시키는 데 도움이 되는 실질적이면서도 사기를 돋우어주는 활동들이다. 당신에게 현재 배우자가 있다면 계속해서 읽어나가라. 이 교재는 주로 부부들을 대상으로 한 것이지만, 그 원리는 편부나 편모에게도 얼마든지 적용할 수 있다.

부모로서 당신의 현재 위치가 어떻든지 간에, 하나님이 당신과 함께하시며 가정을 영적으로 인도하는 책임을 귀하게 여기신다는 사실에 용기를 얻으라. 그 일은 그 긴 날들을, 또 때로는 그보다 긴 밤들을 투자할 만한 가치가 있는 일이다.

"그러므로 내 사랑하는 형제들아 견고하며 흔들리지 말며 항상 주의 일에 더욱 힘쓰는 자들이 되라 이는 너희 수고가 주 안에서 헛되지 않은 줄을 앎이니라"(고전 15:58).

하나님이 당신에게 복을 주시고 당신이 당신의 가정을 영적으로 건강하게 성장시킬 수 있도록 인도하시기를 바란다.

데니스와 바바라 레이니

1

뿌리를 깊이 내리라

그것은 아무런 경고도 없이 찾아왔다. 그날 나(데니스)는 직장에서 우연찮게 창 밖을 내다보았다. 불과 몇 분 전만 해도 감탄해 마지 않았던 아름다운 파란 하늘이 어느 새 불길한 먹구름으로 뒤덮여 있었다. 곧 비가 억수같이 쏟아지기 시작했고, 이어서 나뭇가지들을 마구 휘게 할 정도로 강한 바람이 불어왔다. 그리고 토네이도가 상륙했음을 알리는 사이렌이 마구 울리기 시작했다. 우리는 급히 사무실에서 빠져나와 몸을 숨길 곳을 찾았다. 많은 사람들이 벌써 지하실 계단 밑에 몸을 숙이고 있었고, 라디오 방송은 토네이도가 우리 지역을 향해

돌진하고 있다는 무시무시한 소식을 전해주고 있었다.

시속 1900킬로미터나 되는 강풍이 창문을 덜컹거리고 벽을 흔드는 가운데 몇몇 사람들은 기도하고 있었다. 나는 우리 가족을 생각하면서 그들의 안전을 위해 기도했다(나중에 안 일이지만 그날 토네이도는 우리 집에서 불과 세 블록 떨어진 곳으로 지나갔었다). 무시무시했던 5분이 지나자 바람이 수그러들고 태양이 다시 빛나기 시작했다. 우리는 살아남았던 것이다! 감사하게도 다친 사람이 아무도 없었다.

나는 피해 상황을 둘러보기 위해 밖으로 나왔다. 토네이도는 우리 사무실이 들어 있는 건물에서 불과 15미터 떨어진 곳을 훑고 지나가면서 커다란 소나무들을 쓰러뜨렸고, 아예 뿌리째 뽑힌 소나무들은 그보다 더 많이 있었다. 나는 뽑힌 소나무의 뿌리 부분이 그렇게 크지 않은 것을 보고 깜짝 놀랐다. 그런데 멀지 않은 곳에 서 있는 수령이 오래되고 장대한 참나무 한 그루는 아무런 영향을 받지 않은 것을 발견했다. 그 참나무는 겨우 가지 몇 개만 부러진 정도였다.

나는 나중에 우리 지역에서 자라는 소나무는 뿌리가 깊게 자라지 않는 품종이며, 바로 그 때문에 하늘을 찌를 듯이 솟아 있던 그 푸르른 아름다움이 한낱 불쏘시개로 변해버린 것을 알게 되었다. 그러나 참나무의 뿌리는 땅 속 깊숙이 파고들어가 토네이도가 할퀴고 지나가도 끄떡없이 버티게 해주었다.

뿌리가 이런 차이를 만든다.

건강한 그리스도인의 가정에는 어떤 형태의 영적인 뿌리가 요구되는가? 우리 가정에 인생의 토네이도가 불어도 맞설 수 있는 강력하고 흔들림 없는 리더십을 발휘하려면 참나무와 같은 영적 뿌리가 필요하다. 우리가 알고 있는 한, 그러한 깊은 뿌리를 내릴 수 있는 최선의 방법은 부모들이 먼저 '의의 나무'(사 61:3)가 되는 것이다. 부모 역시 믿음이 자라야 하고 그리스도의 든든한 제자가 되어야 한다. 예수님은 이렇게 말씀하셨다.

> "내 안에 거하라 나도 너희 안에 거하리라 가지가 포도나무에 붙어 있지 아니하면 절로 과실을 맺을 수 없음 같이 너희도 내 안에 있지 아니하면 그러하리라 나는 포도나무요 너희는 가지니 저가 내 안에, 내가 저 안에 있으면 이 사람은 과실을 많이 맺나니 나를 떠나서는 너희가 아무것도 할 수 없음이라"(요 15:4-5).

그리스도를 따르는 사람들은 성장하는 제자의 삶을 드러내는 특정한 영적 활동이 얼마나 중요한지를 이미 수세기 동안 깨닫고 있었다. 그런 활동은 여러 가지가 있겠지만 여기서는 그 가운데서 기본적인 것 세 가지만 살펴보기로 한다. 만일 이러한 것들을 우선으로 해나간다면, 당신은 인생의 폭풍우를 이겨내고 당신 자신과 배우자를 가정의 든든한 영적 리더로 만들어줄 깊은 뿌리를 발전시키게 될 것이다.

예수 그리스도와 매일매일 인격적인 만남을 가지라

하나님이 당신을 위해 계획하신 그런 사람으로 성장해나가기 위해서는 구주이자 주인이며 당신의 삶을 지으신 예수 그리스도께 반드시 복종해야 한다. 그분을 따르는 영적 여정은 단순히 무엇을 하고 무엇을 하지 말라는 명령들만 잔뜩 늘어서 있는 길이 아니라, 순간순간 예수님과 만나는 것이다. 성장은 우리가 그분께 복종하고, 믿음으로 그분과 동행하며, 그분께 순종할 때 일어난다.

다음 항목들은 체크 리스트라기보다는 오히려 우리가 그분의 제자가 되는 데 확실한 도움이 될 영적 훈련들이다. 그 훈련을 어떻게 수행할지는 당신의 몫이다. 그러나 이러한 기본적인 훈련을 점차로 적용해나간다면 '갓난 그리스도인'을 성숙한 그리스도의 제자로 변화시켜나갈 수 있게 될 것이다.

• **기도.** 활기 넘치는 모든 관계의 열쇠는 원활한 의사소통이다. 이것은 하나님과의 관계에 있어서도 마찬가지다. 성경은 우리에게 "쉬지 말고 기도하라"(살전 5:17)고, 모든 일에 기도하라(빌 4:6-7)고 그리고 기도 가운데 범사에 감사하라(살전 5:18)고 권면한다.

• **성경 공부.** 성경은 우리를 지으신 분이 친히 만드신 그리스도인의 삶을 위한 교범이다. 당신이 무언가를 결정할 때, 그리고 하나님의 성품과 그분의 방법, 그분의 약속과 그분을 올바로 따르는 비결 등을 알고 싶을 때는 항상 성경을 찾아보라.

• **예배.** 우리는 혼자일 때는 물론이고 함께 모였을 때도 하나님을 예배하라는 명령을 받았다. 주일뿐 아니라 매일매일의 삶에서 신실하게 하나님을 예배하지 않는다면 그것은 하나님이 아닌 다른 무언가를 섬기고 있는 것이다.

• **자선/봉사.** 우리는 여러 가지 많은 개인적인 재능과 재물 그리고 금전을 맡은 청지기다. 하나님은 주는 것이 받

는 것보다 복이 있다고 말씀하셨다. 우리는 하늘에 계신 우리 아버지가 우리에게 주신 것처럼 후하고 넉넉하게 주는 기쁨을 누려야 한다. 그리스도의 이름으로 다른 사람을 섬기는 것, 특히 궁핍하거나 외로운 사람들을 섬기는 것도 자선과 봉사의 한 방법이다.

- **교제.** 그리스도인으로 누릴 수 있는 엄청난 유익 가운데 하나인, 그리스도의 몸과 연결됨을 놓치지 마라. 성경을 하나님의 감동으로 기록된 말씀으로 분명히 가르치고 있는 건강한 지역 교회 안에서 당신이 가족과 함께 모일 때(히 10:25) 그곳에 모인 성도들의 지혜와 권면은 당신이 가정을 영적으로 효과적으로 인도하고 성장시키는 데 도움이 될 것이다.
- **증거.** 우리는 예수님을 대신하여 잃어버린 바 된 사람들을 하나님과 화해시키는 임무를 받았다. 이 일에는 믿지 않는 이웃과 그밖의 사람들과 가깝게 지내고 복음의 씨앗을 뿌리고 거두는 것이 포함된다.

진정한 친구

영적 성장은 대개 사람들과의 관계 가운데 일어난다. 우리에게는 우정이나 교제를 즐길 수 있을 뿐만 아니라, 서로 책임을 지는 가운데 유익을 얻을 수 있는 친한 사람들이 필요하다. 남편과 아내에게는 적어도 한 명 정도의 친한 동성 그리스도인 친구가 각자에게 필요하다(배우자가 없는 편부모의 경우 더욱 절실히 요구된다). 그리고 적어도 한 팀의 부부는 당신 부부가 어떤 결혼 생활을 하고 있는지 알고 있어야 한다.

우리 부부에게는 상담과 조언 그리고 균형을 위해 종종 도움을 청하는 몇몇 친구와 부부가 있다. 우리는 그들과 자녀를 훈련시키는 일에서부터 재정 문제, 가정을 꾸려나가는 일, 스트레스를 푸는 것 그리고 심지어는 골치 아픈 신학적 문제에 이르기까지 모든 것을 터놓고 이야기한다. 그리고 그들과의 우정을 통해 '나무 그늘'을 누리고 있다.

대개는 소그룹의 동료들이 이러한 상호 의존적인 관계를 제공해줄 수 있다. 당신으로서는 개인적으로나 혹은 동료들과 함께 그리스도의 제자로 자라기를 애쓰는 친구들의 무리에 속하는 것이 가장 바람직하다.

> **영적 씨앗 1**
>
> 앞으로 3주 안에 당신과 친하게 지내며 신뢰하고 있는 그리스도인 부부를 저녁 식사에 초대하라. 그리고 그 부부에게 당신의 '결혼 지킴이'가 되어줄 수 있는지 물어보라.

올바른 삶

진정한 삶은 집에서 시작된다. 매일매일의 생활 가운데 변함없는 그리스도의 제자가 되기에 가장 힘든 곳이 바로 가정이다. 당신의 모든 것을 속속들이 알고 있는 반쪽이 있고, 당신이 하는 말과 행동을 유심히 지켜보고 있는 작은 제자들이 있는 가정은 오랫동안 체면치레를 위해 근엄한 표정을 유지하기가 가장 힘든 곳이다. 그리고 그래서도 안 된다. 만일 당신이 예수 그리스도와 생명력 있는 관계를 유지하고 있다면, 가능한 솔직하고 일관성 있게 그런 삶을 실천하라. 나머지는 하나님이 책임져주실 것이다.

당신이 예수 그리스도의 발자취를 진지하게 따르고 있음을 가족들에게 보여줄 수 있는 방법은 많다. 그러나 다음 두 가지 방법은 정말 큰 효과가 있다. 첫째는 당신이 식구들과의 관계를 망쳤을 때 - 특히 자녀들과의 관계에서 - 자신의 잘못을 시인하고 용서를 구하는 것이다.

겸손하면 할수록 한꺼번에 두 가지를 모두 얻을 수 있으며, 이 두 가지 자질을 동시에 드러낼 수 있다! 이러한 일은 자녀가 어릴 때 시도하는 것이 가장 좋다(아이들이 커버리면 그런 시도가 창피하게 느껴질 수 있다).

나(바바라)는 우리 딸 애슐리(Ashley)가 4개월되었을 때의 일을 아직도 기억한다. 그때 나는 기저귀를 갈아주고 있었는데, 애슐리가 유난히도 몸을 뒤척였다. 그렇다고 감정을 폭발하고 고함을 지르지는 않았지만, 무척 짜증이 났다. 내 양심이 슬며시 고개를 내밀었다. 그리고 이런 생각이 들었다. '아가한테 사과해야 해. 그렇지만 그런다고 무슨 소용 있겠어? 이제 겨우 넉 달밖에 안 됐는데! 무슨 일인지 기억도 못하고 이해하지도 못할 텐데.' 그러나 나는 그 순간이 앞으로라도 내가 아이들에게 실수했을 때 잘못을 사과하는 습관을 시작할 수 있는 좋은 기회라고 생각했다. 그래서 애슐리에게 미안하다고 말하며 용서를 구했다. 그 사과의 말은 애슐리를 기분 좋게 했을 뿐 아니라 내게도 평안을 주었다.

> 사과의 말은 애슐리를 기분 좋게 했을 뿐 아니라 내게도 평안을 주었다.

좀더 자란 자녀들에게 사과할 일이 생긴 경우에는, 우리가 다른 사람에게 잘못을 했을 때 하나님이 우리가 어떻게 하기를 원하시는지에 대한 성경의 가르침을 자녀들에게 알려주는 것이 핵심이라고 믿는다. 우리가 그런 일을 인정하지 않는다면 그것은 이렇게 말하는 것과 마찬가지라고 할 수 있다. "나는 그렇게 했지만 그것은 괜찮아! 그렇지만 네가 그렇게 하면 혼낼 거야!" 이럴 때 아이들은 혼란스러워진다. 그러나 부모가 자녀에게 자기 잘못을 인정하고 용서를 구하며 모든 일의 결과를 하나님께 맡긴다면, 부모와 자녀 모두 그 실수로부터 많은 것을 배울 수 있게 된다. 자신의 실수를 인정하지 않는 완고한 마음에는 영적 성장이 일어날 수 없다.

우리 아들 사무엘(Samuel)이 열다섯 살이 되었을 때다. 하루는 내(데니스)가 사무엘의 테니스 연습이 끝나면 그를 차에 태우고 가기로 약속이 되어 있었다. 나는 그전에 사무엘에게 사무실에서 마무리할 일이 생겨 몇 분 정도 늦을 수도 있다고 말해두었었다. 그런데 갑자기 급한 전화가 걸려오는 바람에 약속 시간보다 50분이나 늦게 도착하고 말았다. 아무리 둘러보아도 아이는 보이지 않았다. 결국 한참을 헤맨 끝에 겨우 사무엘을 찾을 수 있었다.

사무엘이 차에 올라탔을 때 나는 아이의 눈을 바라보며 말했다. "사무엘, 정말 미안하다. 내가 너를 실망시켰구나. 그래도 아빠는 네가 나를 믿어주면 좋겠어. 나를 용서해주겠니?"

"그럼요. 아빠, 괜찮아요"라고 사무엘이 말했다.

이 일이 간단하게 보이는가? 사실 어느 정도는 그렇기도 하다. 십대 아들에게 아버지가 자기 잘못을 인정하는 것은 어느 정도의 용기와 자존심을 참는 일이 요구된다. 그렇지만 온 가족이 모두 영적으로 건강해지기를 원한다면, 우리 주님과 그분이 걸어가신 길을 몸소 따라가야 한다. 단순히 그것에 대해 이야기하는 것으로만 그쳐서는 안 된다.

당신의 뿌리는 어떠한가? 겨우 지표면에 살짝 걸쳐 있기만 하는가, 아니면 땅 속 깊이 뻗어 있는가? "물가에 심기운 나무가 그 뿌리를 강변에 뻗치고 더위가 올지라도 두려워 아니하며 그 잎이 청청하며 가무는 해에도 걱정이 없고 결실이 그치지 아니함 같으리라"(렘 17:8)는 말씀처럼 되기 위해 당신의 시간과 노력을 올바른 일에 투자하라.

위의 말씀은 우리가 모두 추구하는 모습이 아닌가? 우리는 어떠한 경우에라도 무성하게 자라 많은 열매를 맺는 '나무' 곧 '의의 나무'로 가득한 작은 숲이 되기 원한다.

2

배우자와 함께 기도하라

우리는 수백만이 넘는 부부에게 이렇게 권고했다. 우리가 전한 말 가운데 이 조언보다 그들의 삶을 더 크게 변화시킨 것은 없었다.

"배우자와 함께 기도하라."

그렇지만 우리가 이 말을 처음 들었을 때 나(데니스)는 시큰둥했었다.

바바라와 내가 결혼했을 때(그때가 20세기 후반부였으니 벌써 오래 전의 일이긴 하다) 내 직장 상사는 성숙하고 성공한 그리스도인 리더 칼 윌슨(Carl Wilson)이란 분이었다. 칼은 그 당시 결혼한 지 25년이 넘었으며, 누가 보더라도 행복한 남편이자 아버지였다. 평소에 나는 결혼 생활에 관한 그의 지혜를 반드시 배워야겠다고 생각했다. 신혼 여행에서 돌아오자마자 나는 그에게 이런 질문을 했다. "칼, 이제 결혼 생활을 시작하는 우리 부부에게 가장 해주고 싶은 조언은 무엇인가요?"

칼은 주저없이 이렇게 말했다.

"오, 아주 간단하다네, 데니. 매일 바바라와 함께 기도하게. 나는 25년 동안 매일 밤 내 아내 사라 조(Sara Jo)와 함께 기도해왔다네. 매일 함께 기도하는 것보다 우리의 결혼 생활을 굳게 세워주는 건 없다네."

그의 대답이 너무도 간단해 보여서 당신은 이렇게 말하고 싶을지도 모르겠다. "그것 참 좋군요. 그런데, 그것 말고 다른 것은 없나요?" 그러나 지난 세월 동안 칼의 조언이 얼마나 심오하고 값진 것인지 충분히 입증되었다.

그 충고에 따라 우리 부부는 매일, 주로 밤에 잠자리에 들기 전에 함께 기도하기 시작했다. 가끔씩 타지방에 가서 떨어져 있을 때를 제외하고는 - 그런 때에도 우리는 전화를 걸어 함께 기도했다 - 지난 30여 년 동안 이 매일의 습관을 거른 적은 손가락으로 꼽을 수 있을 정도라고 생각한다.

그렇다고 이 영적 훈련이 항상 쉽고 즐겁다는 뜻은 아니다. 우리 영혼의 대적은 우리가 하나님과 대화하는 것을 가로막기 위해 할 수 있는 모든 방법을 동원한다. 그리고 특별히 남편과 아내가 이 강력한 영적 친밀함을 나누지 못하도록 하는 데 많은 노력을 기울인다.

우리 부부는 그날 밤, 약간 품위 있게 말해서 우리가 서로에 대해 감정이 좋지 않았던 어느 날 밤을 기억한다. 실제로 우리는 무슨 일 때문에 말다툼을 벌였다. 침대에 누운 나는 평소에 부드럽기만 했던 바바라가 침대 반대쪽 끝에서 겨우 떨어지지 않을 정도로만 자리를 잡고 뒷모습만 보인 채 돌아누워 있음을 발견했다. 나는 우리 두 사람 사이도 그렇게 멀어졌을 것이라고 생각하며 반대편 끝자리에 몸을 뉘였다. 우리 두 사람의 등판 사이에는 감정의 골이 그랜드 캐니언처럼, 그것도 얼음으로 가득 찬 채 자리하고 있었다. 함께 기도하고 굿나잇 키스를 주고받는 일은 전혀 꿈도 꾸지 못할 상태였다.

그런데 살짝 잠이 들 무렵 누군가 내 어깨를 두드리는 느낌이 들었다. 그리고 이렇게 속삭이는 목소리가 들려왔다. "레이니, 오늘 밤 아내와 기도할 거지?"

당신은 스스로 자기 연민과 죄에 푹 빠져들고 싶은데, 하나님이 그런 당신을 홀로 내버려두지 않으실 때 마냥 미워지지 않는가? 나는 한참 동안 꼼짝도 하지 않았다. 마음속으로는 이렇게 대답하면서 말이다. "싫어요, 주님. 오늘 밤엔 함께 기도하지 않을 겁니다. 오늘 밤엔 아내가 밉기만 합니다."

> 오 주님, 제발요. 그런 사소한 사실들로 나를 헷갈리게 하지 마세요.

그 음성은 즉시 이렇게 대답했다. "그래, 안다. 하지만 그렇기 때문에 오히려 아내와 함께 기도해야만 한단다."

"하지만 주님, 주님도 아시다시피 이번에는 아내가 90퍼센트 이상 잘못했다구요!"

"그래, 그리고 아내가 90퍼센트 이상 잘못되게 만든 게 네 10퍼센트의 잘못이지."

"오 주님, 제발요. 그런 사소한 사실들로 나를 헷갈리게 하지 마세요."

나는 계속해서 내게는 아무 잘못도 없는데 상처를 받았으며, 바바라가 '먼저' 회개해야 한다는 이유들을 들먹이며 하나님과 논쟁을 벌였다. 그러나 주님은 그것을 받아들이지 않으셨다. 그리고 마지막으로 이렇게 말씀하셨다. "넌 FamilyLife 강습회에 모인 부부들에게 '나는 매일 밤 아내와 함께 기도합니다'라고 말하지 않니?"

"주님, 그건 너무 치사합니다."

그러나 나는 그것으로 '내가 옳다'는 투정과 음모가 실패했음을 알게 되었다. 그리고 어쩔 수 없이 침대 가운데에 자리하고 있는 싸늘한 비무장 지대를 굴러 넘어가 아내에게 부드러운 목소리로 이렇게 말했다. "여보, 내가 잘못한 10퍼센트를 용서해주겠소?"

천만의 말씀! 난 그렇게 말하지 않았다. 비록 초보 신랑이지만 이미 몇 가지 배운 것이 있었다. 나는 침을 꿀꺽 삼키고 잠시 머뭇거렸다. 몇 마디 말이 목구멍까지 올라왔다가 덜컥 달라붙었다. 나는 정말 "미안하오"란 말을 하고 싶지 않았다. 나는 아직도 우리가 다툰 일에 대해 내가 옳았다고 생각하고 있었다. 그러나 결국 입을 벌려 내가 해야 할 말을 꺼내고 말았다. "여보, 나를 용서해주겠소?" 이 말은 우리에게 사랑의 휴전을 맺게 해주었다. 우리는 그날도 함께 기도하는 것으로 하루를 마무리할 수 있었다.

이 매일의 훈련은 우리가 서로간의 의견 불일치를 해소하고 누그러뜨릴 수 있도록 도와주고 서로 긴밀한 관계를 유지하게 해준다. 이것은 스트레스로 가득 차고 하루가 다르게 변해가는 오늘날과 같은 세상에서 매우 큰 축복이다.

왜 함께 기도하는 일이 갈등인가?

당신도 부부가 함께 기도하는 일이 가정을 영적으로 인도하는 데 필수적이라는 사실에 동의할 것이다. 그러나 다른 한편으로는 남편과 아내가 서로 손을 잡고, 고개를 숙이고, 특정한 필요에 대해 하나님의 인도하심과 도움을 구하는 그 일이 왜 그렇게 어려운지 의문스럽기도 할 것이다. 이사야 65장 24절은 이렇게 말씀한다. "그들이 부르기 전에 내가 응답하겠고 그들이 말을 마치기 전에 내가 들을 것이며." 하나님의 자녀가 이 강력한 지혜와 능력의 보고를 회피한다는 것은 말도 안 된다. 그런데 많은 부부들이 그렇게 하고 있다.

FamilyLife에서 실시한 결혼을 주제로 열린 강습회에서 한 조사에 의하면 함께 기도하는 부부는 겨우 전체의 8퍼센트 미만에 지나지 않았다. 그 결과를 토대로 우리는 그리스도인 부부 가운데 매일 함께 기도하는 부부는 단지 3퍼센트에 불과하다고 추정하고 있다.

하나님은 결혼이 남자와 여자 그리고 하나님, 이 삼자 사이의 평생 동안 지속되는 삼중의 영적 관계가 되기를 원하신다. 하나님이 이처럼 밀접한 관계를 맺고 계시니, 하나님으로서는 부부가 자신의 부족함과 하나님을 향한 찬양을 날마다 드리기를 원하시는 것이 너무도 당연하지 않겠는가?

우리는 만일 우리가 신혼이었을 때 칼이 전해준 그 '간단한' 조언을 신실하게 따르지 않았다면 우리 결혼 생활에 어떤 일이 일어났을지, 아니 더 나아가 우리가 아직 부부로 남아 있었을는지도 모르겠다고 솔직하게 말할 수 있다.

무엇보다 중요한 것은, 부부가 함께 기도하는 이 꾸준한 습관은 예수 그리스도를 우리 가정의 구주로 모시도록 우리의 다짐을 더욱 공고히 해주었다는 것이다. 도대체 우리가 그렇게 하지 않을 이유가 무엇이겠는가? 예수님은 바로 이렇게 말씀하시지 않았는가? "너희 중에 두 사람이 땅에서 합심하여 무엇이든지 구하면 하늘에 계신 내 아버지께서 저희를 위하여 이루게 하시리라 두세 사람이 내 이름으로 모인 곳에는 나도 그들 중에 있느니라"(마 18:19-20).

부모에게는 이런 힘이 필요하다. 지난 수년 동안 우리 두 사람은 크고 작은 일은 물론이고 우리 둘 사이에 자리하고 있는 모든 일들을 놓고 하나님께 기도했다. 예를 들어, 우리 큰 애들이 각각 열네 살과 열두 살이 되었을 때 두 녀석은 마치 프로레슬링 선수처럼 격한 몸 싸움을 하기 시작했다. 이 녀석들의 야단법석은 극에 달하여 어느 날 밤에는 문짝을 뜯어놓기까지 했다.

두 녀석에게 징계를 내리고 자신들이 저지른 피해에 대한 대가를 치르게 한 다음, 우리 부부는 절망에 빠진 채 다음과 같이 기도했다. "주님, 우리는 아이들과의 전쟁에서 진 것 같습니다. 두 아이의 마음을 하나로 엮어줄 방법을 보여주십시오."

그리고 며칠 뒤, 큰 아들 벤자민(Benjamin)이 우리에게 대화를 청해왔다. 벤자민은 전날 밤 동생이 자동차 사고로 목숨을 잃는 꿈을 꾸었다고 이야기했다. 벤자민은 꿈에서 동생 사무엘(Samuel)이 죽는 것을 보고 울부짖으며 벌떡 일어나 잠을 깼다. 벤자민은 동생이 있다는 사실을 자신이 진심으로 감사하고 있지 않았다는 것을 깨닫고는 앞으로 더 좋은 형이 되기를 원했다.

비록 그 경험이 둘 사이의 티격태격하는 다툼을 완전히 끝내지는 못했지만 싸움은 크게 누그러졌다. 우리 부부는 하나님이 여러 사건들을 멋지게 조절하셔서 우리의 기도에 응답하시는 것을 보고 신이 났다.

시작하기

가끔씩은 첫 걸음을 떼는 것이 가장 힘든 일인 경우도 있다. 만일 부부가 함께 기도하는 일이 너무 힘들다면, 당신이 혹시 느끼게 되는 벽을 극복하기 위한 다음과 같은 몇 가지 아이디어를 소개한다.

• **첫째, 매일 함께 기도하기로 다짐하라.** 이에 관해서 나(데니스)는 남편들이 주도권을 쥐고 앞장설 것을 강력히 촉구한다. 나는 자기 아내와 함께 매일 기도하기로 다짐한 남편들의 이메일 주소가 기록되어 있는 명함을 잔뜩 갖고 있다. 지난 몇 년 동안 아내와 함께 기도하는 것에 대한 두려움과 싸우며 한 단계 한 단계 위로 올라간 남자들이 들려준 수많은 이야기들을 들었다. 이 책을 쓰고 있는 동안 성공한 사업가로부터 '바로 한 달 전에 그런 다짐을 했는데 벌써 자기의 결혼 생활이 아내와 가까워지고 만족스럽게 되었다'는 보고를 들었다. 그리고 자녀들까지도 자기 부부가 변화되었다는 것을 알게 되었다고 한다.

지금 당장 다짐하라. 배우자에게 이렇게 말하라. "오늘부터 우리 매일 밤 함께 기도합시다." 그리고 여러분의 이메일 주소를 www.FamilyLife.com으로 보내주기 바란다. 나는 아직도 많은 남성들에게 메일을 보내 지금도 계속 아내와 함께 기도하고 있는지를 질문하고 있다.

• **둘째, 어떻게 기도해야 할지**, 무엇을 기도해야 할지 모르겠다면, ACTS 방법을 사용하라.

A는 찬양(Adoration)을 의미한다. 하나님의 사랑과 은혜와 용서와 여러분의 삶, 결혼 그리고 가정에 베푸신 일들을 경배하고 찬양하라.

C는 고백(Confession)을 말한다. 하나님께 간구하는 기도를 드리기 전에, 고백해야 할 모든 죄를 하나님 앞에 인정하라.

T는 감사(Thanksgiving)다. 당신의 배우자, 자녀, 일 그리고 가정을 주신 하나님께 감사하라. 그리고 당신 부부가 함께하는 삶에 베푸신 하나님의 풍성하심에 감사하라.

S는 간구(Supplication)를 말한다. 이제 당신의 마음을 무겁게 짓누르고 있는 문제들을 해결해달라고 하나님께 구하라. 예를 들어, 당신과 갈등을 빚고 있거나 학교에서 문제를

일으키고 있는 자녀를 위해, 식구들의 건강이나 영적인 필요들을 위해 그리고 재정적인 문제들을 위해 기도하라. 마음의 소원을 가지고 하나님께 나아가라. 하나님은 당신을 사랑하시며, 당신의 간구를 듣기 원하신다. 그리고 하나님은 종교로 색칠된 말들에 감명을 받으시는 분이 아님을 명심하라. 그러므로 하늘에 계신 하나님 아버지께 경건하면서도 진솔한 기도를 드리라.

🌱 영적 씨앗 2

기도하는 습관을 가지려면 실행에 옮겨야 한다. 지금 당장 이 책을 내려놓고 배우자를 찾아 (너무 멀리 있다면 전화를 걸어도 좋다) 간략하게나마 하나님께 기도를 드리라. 그렇지만 어디까지 읽었는지 잊지는 말라.

• 셋째, 번갈아 가며 기도하라. 하루는 남편이 했으면 다음날은 아내가 하는 것도 좋다. 아니면 매일 밤 두 사람이 서로 번갈아 가며 기도하라. 두 사람이 남편과 아내의 역할로 인해 서로 다른 문제와 입장을 갖고 있다면, 두 사람이 함께 기도하는 그 시간은 그 짐들을 모두 하나님 앞에 쏟아놓는 시간이 된다.

핵심은 '실천에 옮기라!'는 것이다. 만일 당신이 아직까지 규칙적으로 함께 기도하지 않았다면 당신 가정을 위해 오늘 당장 이 위대한 습관을 시작하지 않겠는가?

3

자녀에게 자신을 내어주라

　당신이 자녀에게 줄 수 있는 가장 값진 선물이 무엇인지 아는가? 그것은 당신이 타던 중고 차나, 대학 교육, 혹은 당신을 향한 세간의 성실하다는 평판이 아니다. 그들은 물론 이 모든 것들로부터 유익을 얻을 수 있다. 그러나 당신의 자녀가 궁극적으로 원하는 것은 당신의 물건이나 부나 훌륭한 가문 그 이상의 것이다. 그들이 가장 바라고 원하는 것은 당신과의 관계다. 그들은 당신의 마음을 알고 싶어한다. 그들은 바로 당신을 원한다. 그리고 만일 그들이 당신을 얻지 못한다면, 하나님을 알지도, 하나님께 자신을 드리지도 못할 것이다.

자녀들이 무엇을 원하는가에 대한 이 진리는 나이에 상관없이 적용된다. 나(데니스)는 애슐리(Ashley)가 세 살 먹었을 때 그 아이와 했던 첫 데이트를 아직도 기억한다. 그때 나는 사무실에서 애슐리에게 전화를 걸었다. "공주 마마, 아빠이옵니다. 이 몸이 오늘 밤 우리 공주님과 특별한 데이트를 하고 싶은데 허락해주옵소서."

애슐리는 킥킥거리며 웃으며 신나는 목소리로 내 아내에게 이렇게 말했다. "엄마, 아빤데요. 오늘 밤 저와 특별 데이트를 하고 싶대요."

잠시 후 나는 집 앞에 차를 세우고 현관 문 앞으로 걸어가 노크를 했다. 그리고 바바라(Barbara)가 문을 열어주었을 때 이렇게 말했다. "안녕하세요? 부인. 댁의 따님이 집에 계신가요?" 그러자 애슐리가 제일 예쁜 옷을 차려 입고 깡총깡총 뛰어서 나왔다. 나는 애슐리의 손을 받쳐들고 함께 자동차로 걸어갔다. 그리고 내가 문을 열어주자 애슐리는 그 안으로 올라탔다.

> 그런 기분 좋은 말을 들을 때 먹는 팝콘 맛이 그야말로 일품이다.

차를 몰고 가는 동안 애슐리는 작은 팔로 내 목을 살짝 안아주었다. 우리는 근사한 레스토랑으로 가서 초콜릿 파이와 초콜릿 아이스크림을 먹고, 그 잔에 초콜릿 우유를 부어 마셨다. 그리고 '아기 사슴 밤비'를 상영하고 있는 극장에 갔다. 애슐리는 이따금씩 화면을 보기도 했지만 주로 의자 밑을 이리저리 기어다니며 놀았다. 그리고 팝콘을 먹다 쏟기도 하고, 음료수도 먹다 쏟았다.

집으로 돌아오는 길에 자동차 계기판을 비추고 있는 연녹색 조명이 우리 얼굴을 비추었다. 나는 이렇게 물었다. "애슐리, 오늘 밤 뭐가 가장 맘에 들었니?"

애슐리는 작은 손으로 내 팔을 두드리며 이렇게 말했다. "아빠와 함께였던 거요. 아빠와 함께 있었던 게 제일 좋았어요." 극장에서 팝콘을 모두 쏟았던 게 참으로 아쉬웠다. 왜냐하면 그런 기분 좋은 말을 들을 때 먹는 팝콘 맛이 그야말로 일품이기 때문이다.

우리 딸들이 십대가 된 지금까지도 나는 딸들과 데이트를 즐기고 있다. 그 시간은 우리 딸들과 즐겁게 지내고, 그들이 어떻게 지내는지 살펴보고, 그들과의 연결 고리를 계속 이어나가는 좋은 기회가 된다.

자녀에게 바짝 다가가서 아낌 없이 사랑을 나누어주는 부모는, 하나님이 자기 자녀를 위해 어떻게 행하시는지를 스스로 보여주는 것이다. "내가 무궁한 사랑으로 너를 사랑하는 고로 인자함으로 너를 인도하였다"(렘 31:3). 우리가 아무런 조건 없이 자녀들에게 우리 자신을 내어줄 때 그들을 우리에게로 이끌 수 있다. 부모와 함께한 여러 번의 경험을 통해 부모의 사랑을 알게 된 자녀는 하나님이 당신의 귀한 자녀들과 나누기 원하시는 아름다운 관계가 어떤 것인지를 맛본 것이다.

아이들은 종종 부모를 바라보면서 하나님을 보게 된다. 이러한 역할을 맡은 우리의 영향력과 책임은 매우 막중하다. 우리가 하늘에 계신 하나님 아버지의 성품을 본받아 예수 그리스도의 사랑을 우리 안에 넘치게 하고 우리 자녀에게 흘러가게 한다면 성공한 부모가 되는 것이다.

그렇다고 그런 일을 하기 위해서는 우리가 복잡하고 심오한 신학적 훈련들을 해야 한다고 제안하는 것은 아니다. 우리의 조언은 간단한 세 가지로 요약할 수 있다. 그것은 바로 시간, 접촉, 대화다. 이 세 가지는 우리 아이들에게 (누군가와의) 관계를 단지 추상적이거나 관념적인 어떤 것이 아니라 실재하는 그 무엇으로 만들어준다. 그리고 이 관계를 통해 우리 아이들은 영적 삶의 뿌리를 성장시켜나가기 시작한다.

시간

우리는 아직까지 어쩌다 한 번 한꺼번에 몰아쳐서 부모와 '재미있게 보내는 시간'을 가지면서도 자신이 많은 사랑을 받고 있다고 느끼는 아이를 (혹은 그런 어른을) 만나본 일이 없다. 아이들이 그런 개념을 이해하고 있는 것 같지는 않다. 그들이 엄마와 아빠를 원한다는 것은 말 그대로 엄마와 아빠를 원하는 것이다.

아이들을 양육하는 것은 시간이 걸리는 일이다. 그 시간을 어떻게 사용하느냐는 그들이 성장함에 따라 변한다. 그래서 당신의 어린 아들과 딸들이 청소년이 되었을 때는 오히려 당신 쪽에서 자녀들이 당신과 '함께 재미있게 보내는 시간'을 내주기를 원하게 될지도 모른다. 그러나 그들 편에서 보았을 때, 언제나 찾아가 만날 수 있고 시간을 내줄 수 있는 부모로서의 당신에 대한 필요는 결코 변하지 않는다.

이 사실은 오늘날처럼 하루가 다르게 변화해가는 문화 가운데서 명백한 도전을 불러일으킨다. 특히 당신이 편부나 편모와 같은 독신 부모인 경우에는 더욱 그렇다. 시간은 유한한 것이기 때문에 우리는 시간표를 짤 때 우선순위를 생각하지 않을 수 없다. 우리는 당신이 시간을 어떻게 사용하는지, 그리고 자녀들이 원하면 언제든지 시간을 내주는지 주의 깊게 살펴보기를 원한다.

나(데니스)의 일정표는 늘 바쁜 일로 가득 차 있다. 넷째 아이가 고등학교를 졸업하던 무렵 나는 매일 진행하는 라디오 프로그램과 저술, 강연 그리고 여행으로 인해 더 자주 집을 비워야만 했다. 내가 일정의 우선순위를 재조정하여 아직 집에 남아 있는 십대인 두 딸과 좋은 관계를 유지할 수 있게 해준 것은 절대적으로 바바라의 온유하면서도 끈질긴 충고 덕분이었다.

그 결과, 나는 두 딸의 삶과 데이트, 친구와의 경쟁 그리고 여러 가지 제약처럼 그들이 부딪치고 있는 많은 문제들 가운데 더 깊이 참여할 수 있었다. 결론은 이것이다. 우리 십대 딸들은 자신들을 사랑하고 진실을 말해줄 아빠를 원하고 있다. 우리 딸들은 내가 '항상' 그들 곁에 있기 때문에 내가 자기들을 사랑하고 있다는 것을 안다.

🌱 **영적 씨앗 3**

다음 주에 일정을 조정해서 한 시간 정도 자녀와 함께 둘만의 시간을 가지라. 그리고 함께 있는 동안 그 아이의 얼굴에서 발견하게 될 기뻐하는 멋진 모습을 글로 적어보라.

접촉

또한 우리는 신체 접촉을 자주 함으로써 아이들에게 자신이 사랑받고 있다는 것을 느끼게 할 수 있다. 일상에서의 포옹과 입맞춤 그리고 손을 잡아주는 것은 모두 "넌 사랑받고 있단다"는 말을 전하고 있는 것이다.

아이들이 어릴 때부터 시도 때도 없이 녀석들을 당신의 무릎에 앉히고, 또 안아주라. 그리고 아이들을 별다른 이유 없이도 항상 안아주어야 할 뿐 아니라, 잠자기 전에 해주는 굿나잇 키스처럼 특별한 사랑을 표현할 순간도 만들어야 한다. 우리 부부는 아이들이 다 커서 어른이 되었는데도 아직까지 굿나잇 키스를 해준다.

당신이 직장에서 집으로 돌아오는 순간, 혹은 오후에 아이를 밖으로 심부름 보낸 순간은 그들에게 사랑을 표현할 또 하나의 좋은 기회가 된다. 우리 아이들이 한참 어렸을 때 우리는 외출했다가 들어오는 가족을 맞이하는 시간을 '곰 안아주기 시간'으로 만들었다. 그래서 내(데니스)가, 예를 들어, 드보라(Deborah)에게 다가가 이렇게 질문한다. "아기 곰이 안아줄까, 엄마 곰이 안아줄까, 아빠 곰이 안아줄까?" 이때 보통 아이들은 히히 웃으면서 "아기 곰이요" 하고 대답한다. 그럼 내가 드보라를 살짝 안아주면서 "끼잉 끼잉 끼잉" 하면서 아기 곰이 낼 법한 소리를 흉내 낸다.

그러면 드보라가 작은 목소리로 이렇게 말한다. "그치만 엄마 곰도 안아주면 좋겠어요, 아빠!"

그럼 이번에는 내가 팔로 드보라를 약간 세게 둘러 안으며 "흐응" 소리를 낸다.

"이번엔 아빠 곰도요!" 드보라는 두 눈을 꼭 감은 채 두 손을 옆구리에 턱 올려놓고 그대로 서서 말한다. 그러면 나는 드보라를 들어올려 꼭 껴안은 채 마구 흔들면서 "으릉!"거리며 마구 웃음을 터트린다. 몇 년이 지난 지금도 드보라는 내가 "곰 안아주기 해줄까?" 하면 웃음을 터트린다.

> **부모인 당신은 이런 식으로 사랑을 표현하는 일에 뒤로 물러서면 절대 안 된다.**

부모인 당신은 이런 식으로 사랑을 표현하는 일에 뒤로 물러서면 절대 안 된다. 아들이나 딸이 사춘기를 지났다면 이런 일이 굉장히 쑥스럽기도 할 것이다. 그러나 그만두지 마라. 그들에게는 아직도 당신의 사랑스러운 접촉이 필요하다.

나(바바라)는 이 사실을 아들 벤자민이 십대였을 때 배웠다. 우리 '애기'가 어느새 나보다 커서 뺨에 뽀뽀라도 해줄라 치면 까치발을 해야 했다. 그때 내 얼굴에 와닿은 꺼칠꺼칠한 수염의 감촉은 '이 녀석도 벌써 어른이 다 되었으니 이제 곧 영원히 우리 곁을 떠나겠구나' 하는 생각이 들게 했다. 나는 벤자민을 안아준 다음 팔을 풀고 뒤로 한걸음 물러서다가 그 녀석이 아직도 나를 꼭 끌어안고 있는 것을 보고 놀라우면서도 한편으로는 기분이 좋았다. 벤자민은 아마 이런 생각을 하고 있는 것 같았다. '그만두지 마세요. 제가 비록 어른이 된 것처럼 보이고, 더 이상 안아주지 않아도 될 것처럼 보이더라도 제발 멈추지 마세요. 나는 안아주는 것이 좋아요.' 그래서 나는 벤자민을 다시 꼬옥 안아주었다.

대화

우리는 많은 성인들이 어린 시절을 돌아보며 이렇게 말하는 것을 자주 듣는다. "만일 내가 어렸을 때 부모님들과 좀더 많은 대화를 나누었다면 그분들과 좀더 친하게 지낼 수 있었을 겁니다."

이제 당신이 자녀들에게 새로운 모범을 제시할 기회가 찾아왔다. 영적으로 건강한 가정은 '건강한 관계'의 기초 위에 세워진다. 자녀들에게 당신이 그들과 당신의 가정과 당신 자신에 대해 갖고 있는 소중함과 기대와 목표와 꿈을 들려주라. 그들이 무엇을 걱정하는지, 어떤 꿈과 목표를 갖고 있는지 물어보라. 사랑을 주고받는 것은 단순히 말로만 하는 대화를 통해서가 아니라, 그들의 삶을 함께 호흡하고자 하는 깊은 관심과 강한 열망이 드러나는 대화를 통해서 이루어진다.

국제 테러 조직이 세계 무역 센터와 펜타곤(Pentagon)을 공격한 이후, 대화의 중요성은 더욱 분명해졌다. 그 당시 열여섯 살이었던 로라(Laura)는 그 사건이 요한계시록에 나오는 큰 환난의 시작이 아닌지를 알고 싶어했다. 그리고 열여덟이었던 드보라는 제3차 세계대전이 시작된 것은 아니냐고 물어왔다. 이 두 질문은 곧 아이들의 두려움과 장래 일에 대한 유익한 토론으로 이어졌다. 그리고 그 시간은 하나님의 절대 주권, 자비, 사랑 그리고 우리가 다른 사람들에게 복음 전하기를 원하시는 것과 같은 하나님의 성품들을 일깨워줄 좋은 기회가 되었다. 그 대화는 우리가 딸들과 원활한 관계를 맺고 있었기 때문에 가능했다.

이러한 사랑이 넘치는 대화는 아이가 엄마 뱃속에 있을 때부터 시작된다. 그리고 아이가 자라면서 그 대화도 점점 자라고 성숙해진다. 그래서 아이가 어른이 되면 그들과 친구나 동료처럼 대화를 나눌 수 있게 된다.

> **십대 자녀와 대화하는 일은 무척 신경 쓰이는 일이기도 하다. 그러나 그 시기의 대화는 그 어느 때보다 중요하다.**

십대 자녀와 대화하는 일은 무척 신경 쓰이는 일이기도 하다. 그러나 그 시기의 대화는 그 어느 때보다 중요하다. 많은 십대 청소년들, 특히 사내 아이들은 마치 대화를 원하지 않는 것처럼 보인다. 그러나 포기하지 마라. 계속 그들과 대화를 시도하면서 대화의 물꼬를 트기 위해 끈질기면서도 부드럽게 말을 건네야 한다. 말라버린 것 같은 펌프에서 물이 콸콸 쏟아져나오게 하려면 먼저 한 바가지의 마중물을 넣어야 한다는 것을 잊지 마라. 어느 날 갑자기 분위기가 변해 그들의 입에서 말이 퍼붓듯이 쏟아져나올 순간을 미리 준비하라. 십대 자녀에게 온 신경을 쏟으라. 대답하기 전에 먼저 귀를 기울이라.

우리 부부는 우리 아이 가운데 한 명이 사춘기 때 우리와 대화하기를 거부했을 때 가졌던 갈등을 결코 잊지 못할 것이다. 그런 경우에 사춘기 자녀는 우리 없이도 스스로 얼마든지 잘 지낼 수 있다고 생각하기 때문에 우리 쪽에서 관계를 주도

해나가는 것은 참으로 힘들고 어려운 일이었다. 그때 우리 부부는 우리가 어른이고 그 녀석은 아직 아이임을 그리고 그 아이가 우리에게서 원하는 것은 성숙한 어른의 사랑이지 미숙한 거절이 아님을 계속해서 서로에게 일깨워주었다.

그런 상황에서 부모 역시 상처를 받고 움츠리기 쉽지만 그것은 우리 십대 자녀가 원하는 것과 정반대되는 것이다. 그래서 우리는 그 아이를 사랑했고, 계속해서 관계를 유지하려고 노력했다. 그 일은 쉽지 않았지만 우리로 하여금 그 아이의 삶과 계속 연결되고 개입할 수 있게 해주었다. 결국 우리 아이는 끝까지 자기를 사랑하며 믿어주는 두 사람의 부모가 있었기 때문에 큰 유익을 얻을 수 있었다. 우리는 그 아이와 우리와의 관계가 그 아이를 많은 어려움으로부터 지켜주었을 것이라고 믿는다.

우리가 자녀들이 언제든지 다가갈 수 있는 부모가 되고, 그들에게 우리 자신을 내주는 것에 대한 훌륭한 본보기가 있다. 예수님은 이렇게 말씀하셨다. "볼지어다 내가 문밖에 서서 두드리노니 누구든지 내 음성을 듣고 문을 열면 내가 그에게로 들어가 그로 더불어 먹고 그는 나로 더불어 먹으리라"(계 3:20). 우리를 사랑하시는 하나님이 우리의 삶 가운데 들어오

시기를 간절히 바라면서 문을 두드리고 기다리시는 그 모습은 우리가 자녀들에게 어떤 모습으로 비쳐져야 할지를 가르쳐주는 좋은 본보기다. 하나님이 우리에게 행하신 것처럼 당신도 자녀에게 당신 자신을 내주라.

4

올바로 먹으라

우리가 먹는 음식에는 우리의 건강을 유지시켜줄 영양소가 충분히 들어 있는가?

정부는 시중에서 판매되는 모든 식품과 음료에는 그 안에 어떤 영양 성분이 어느 정도 포함되어 있는지를 밝히게 했다. 대부분의 사람들은 음식에 포함된 전체 열량에 신경을 곤두세운다. 특히 몸에 이로운 지방과 유해 지방에서 얻는 칼로리에 민감하다. 운동선수라면 탄수화물의 비율에 더 깊은 관심을 보일 것이고, 투병 중인 사람은 특정한 비타민이나 식이 섬유가 어느 정도 포함되어 있는지를 꼼꼼히 챙길 것이다. 그리고 콜레스테롤 수치에 큰 관심을 보이는 사람들도 있다.

아마 우리가 가장 선호하는 영양 성분 분석표는 시중에서 판매하는 생수 성분표에 기록되어 있는 것일 것이다. 거기에는 일체의 영양 성분이 전혀 포함되어 있지 않아서 다이어트를 하는 모든 사람들의 꿈이라 할 수 있을 것이다.

이러한 영양 성분 분석표가 우리 몸에 필요한 음식에 반드시 필요하다면, 영적 내용이 담긴 품목들을 평가하여 성분 분석표를 다는 것은 어떨까? TV 프로그램, 도서, 비디오, 음악 CD에 거룩함, 진리, 용서, 성품, 인내, 은혜, 공의, 성령의 열매, 회개 등과 같은 영적 필수품에 대한 '1일 권장 허용량'을 백분율로 표시한다면 어떨까? 그 각각의 항목들은 (이 책을 포함해서) 어떤 등급을 받게 될까?

아쉽게도 오늘날 황금 시간대의 TV 프로그램에 포함된 영적 권장량의 포함 비율은 생수 한 통에 들어 있는 영양 성분의 양과 비교될 정도다. 대부분의 프로그램에 부착된 성분표에는 영적 가치에 중대한 해가 되는 성분들만 잔뜩 표기되어 있을 것이다. 또한 다른 미디어를 통한 품목들도 빈약하기는 매한 가지일 것이다.

그러나 단 한 가지, 당신의 가족 모두에게 완벽한 영적인 영양소를 골고루 공급해줄 수 있는 검증된 제품이 있다. 그것은 바로 성경이다.

> **한 주간에 스스로 성경을 읽는 거듭난 그리스도인의 비율이 10명 가운데 4명이 채 안 된다.**

오늘날 대부분의 그리스도인들이 성경에 대해 깊은 호감을 표시하고는 있지만, 그 말씀으로 인해 즐겁고 배부르지 못하다는 것은 비극이 아닐 수 없다. 통계 전문가인 조지 바나(George Barna)는 2001년 초에 보고하기를, 한 주간에 스스로 성경을 읽는 거듭난 그리스도인의 비율이 10명 가운데 4명이 채 안 된다고 했다.[2] 이것을 한마디로 표현하면 굶주림이다. FamilyLife가 미국 전역에 있는 교회를 대상으로 실시한 조사에 의하면 가끔씩이라도 배우자와 함께 성경을 읽거나 성경에 대해 토론을 하는 부부는 전체의 2/3라고 한다. 그리고 겨우 15퍼센트의 부부만이 한 주에 두세 번 이상 성경을 읽고 토론한다고 한다.[3]

만일 당신의 가정이 영적으로 건강해지기를 원한다면 가족 모두 영원한 하나님의 말씀이라는 균형 잡힌 음식을 반드시 먹어야만 한다.

이 일을 어떻게 선택할지는 당신에게 달려 있다. 우리는 이 책에서 우리의 생각을 제공할 것이다. 그러나 사람들이 좋아하는 맛이나 음식 그리고 조리 방법이 저마다 다양하듯이 성경을 섭취하는 방법도 마찬가지다. 어떻게 먹느냐는 중요하지 않다. 다만 매일 배부르게 먹는 것이 가장 중요하다.

성경은 성경에 대해 어떻게 말씀하는가?

만일 당신이 영의 양식으로서의 성경이 얼마나 중요한가에 대해 아무런 확신이 서지 않는다면 다음 구절을 묵상해보라.

> "너희 목마른 자들아 물로 나아오라 돈 없는 자도 오라 너희는 와서 사먹되 돈 없이, 값없이 와서 포도주와 젖을 사라 너희가 어찌하여 양식 아닌 것을 위하여 은을 달아주며 배부르게 못할 것을 위하여 수고하느냐 나를 청종하라 그리하면 너희가 좋은 것을 먹을 것이며 너희 마음이 기름진 것으로 즐거움을 얻으리라"(사 55:1-2).

시편은 우리의 유익을 위해 하나님의 율법, 곧 그분의 말씀을 먹으라고 권고하는 구절들로 가득 차 있다.

"여호와의 율법은 완전하여 영혼을 소성케 하고 여호
와의 증거는 확실하여 우둔한 자로 지혜롭게 하며 여
호와의 교훈은 정직하여 마음을 기쁘게 하고 여호와의
계명은 순결하여 눈을 밝게 하도다"(시 19:7-8).

"이에 저희가 그 근심 중에서 여호와께 부르짖으매 그
고통에서 구원하시되 저가 그 말씀을 보내어 저희를
고치사 위경에서 건지시는도다"(시 107:19-20).

우리는 예수님이 어렸을 때에도 하나님의 말씀을 온전히 알고 계셨음을 알고 있다. 후에 예수님이 사역을 시작하시고 사탄에게 유혹을 받으셨을 때 이렇게 말씀하셨다.

"기록되었으되 사람이 떡으로만 살 것이 아니요 하나
님의 입으로 나오는 모든 말씀으로 살 것이라 하였느
니라"(마 4:4).

베드로는 우리의 영적 생명과 건강은 하나님의 말씀으로 인한 것임을 이렇게 설명하고 있다.

"너희가 거듭난 것이 썩어질 씨로 된 것이 아니요 썩지 아니할 씨로 된 것이니 하나님의 살아 있고 항상 있는 말씀으로 되었느니라"(벧전 1:23).

이 밖에도 성경 가운데 있는 영적 영양분으로 우리의 삶을 가득 채우는 것이 얼마나 중요한지 웅변하고 있는 수많은 구절들을 얼마든지 더 추가할 수 있다. 그러므로 다시는 굶주리지 말자! 그리고 자녀들이 어릴 때부터 하나님의 말씀을 맛있고 완전한 양식으로 알고 배부르게 먹을 수 있도록 가르치는 것을 잊지 마라.

훌륭한 식사 습관 개발하기

모든 엄마와 아빠들은 가정에 말씀을 공급하는 가장 좋은 방법을 찾아야 한다. 아이들을 양육한 지 25년이 넘은 지금도 우리 부부는 성경을 전하는 새로운 접근법을 발견하곤 한다. 다음에 제시하는, 성경이 당신의 결혼 생활과 가정의 매일 양식이 되게 하는 방법들을 어떻게 실행에 옮길지 깊이 생각하라.

- **부부가 서로에게 성경을 읽어주라.** 당신이 신학자나 성경 학자가 될 필요는 없다. 단지 성경을 펼치고 읽으면 된다. 하루에 시편을 한 편씩 읽어나가라. 많은 남자들이 '가정의 영적 리더'가 되는 것에 너무 신경을 곤두세우고 있다. 영적 리더가 되는 것은 평생에 걸쳐 진행되는 과정이다. 그리고 아무도 그것을 완벽하게 수행하지 못한다. 가장 쉬운 것은 아무것도 하지 않는 것이다. 수동적이 되지 말고 무언가를 행하라! 우리는 번갈아 가면서 서로에게 성경 구절을 소리내어 읽어주는 것을 즐겨한다. 침실에서뿐 아니라 자동차 안에 단 둘이 있게 될 때도 그렇게 한다.

- **성경을 암송하라.** 이 일은 가족이 모두 할 수 있는 일이다. 그 중에서도 특히 어린아이들은 하나님의 말씀을 잔뜩 저장할 수 있는 능력을 갖고 있다. 엄청나게 많은 성경 노래와 암송에 도움이 되는 도구들을 시중 기독교 서점과 인터넷에서 쉽게 구할 수 있다.

- **식사 시간에 성경을 읽으라.** 이것은 영의 양식을 공급하는 또 하나의 좋은 방법이다. 아이들이 어느 정도 자라면 그들도 읽게 하라. 성경을 읽은 후에 설교를 하거나 매 구절마다 설명해줄 필요는 없다. 다만 말씀이 모두의 마음에

뿌리내리게 하라. 특별히 들려줄 말이나 질문이 있으면 시간을 내서 하나씩 들어주고 거기에 맞게 대응하라.

• **기독교 영화를 시청하고 토론하라.** 오늘날 특히 어린 자녀들에게 적합한 좋은 영상물이 시중에 많이 나와 있다. 이런 영상물들은 성경을 비롯해서 다양한 영적인 주제에 관한 여러 가지 질문들을 불러일으킨다.

• **십대 자녀와 함께 성경 공부를 하라.** 나(데니스)는 우리 아이들이 청소년이 되면 함께 잠언을 공부한다. 우리는 주로 아침에 등교 시간보다 일찍 집을 나서서 빵이나 도넛을 먹으며 말씀을 놓고 대화를 했다.

이것은 부모가 십대 자녀의 삶에 구체적인 특정한 문제를 제기할 수 있는 훌륭한 방법이다. 나는 우리 딸 레베카(Rebecca)와 함께 공부하는 가운데, 자신의 성적 매력을 이용해 젊은 청년을 함정에 빠뜨리고 타락시켜서 결국 파멸에 이르게 하는 죄악된 여인의 모습을 잠언서가 얼마나 적나라하게 그리고 있는지를 보여주었다. 나는 모든 여성에게는 하나님이 주신 여성 고유의 능력이 있어서 자신의 성적 매력을 통해 자기에게 매료된 남자에게 결정적인 영향을 미치고 있다는 것을 설명해주었다. 젊은 여성들은 이 사실을 분명히 깨달아 자신의 능력을 함부로 사용하지 않고, 아울러 결혼할 때까지 그 능력을 올바로 보존해야 한다.

어느 봄 학기 때, 한 아버지와 그의 딸을 초대해 우리는 함께 잠언을 공부한 적이 있다. 그 시간은 그 분의 딸에게도 큰 유익이 되었을 뿐만 아니라, 매주 함께 성경 공부를 한다는 책임감과 신뢰를 통해 우리 두 아빠 또한 영적으로 건강해질 수 있었다.

• **말씀을 보여주라.** 물론 이 아이디어는 신명기에서 부모들에게 진리의 말씀을 "집 문설주와 바깥 문에 기록"하여 집 안 어느 곳에서나 볼 수 있게 하라고 명령하신 부분에서 따온 것이다(신명기 6:6-9를 보라).

그 말씀 그대로 성경 구절을 종이에 적어 집안 구석구석에 붙여놓으라. 나(바바라)는 멋진 글씨로 쓴 성구를 우리집 주방 벽면 꼭대기에 빙 둘러서 붙여놓았다. 그리고 우리 아이들 방에는 모두 십계명 액자가 걸려 있다.

아이들 각자에게 맞는 특별한 구절을 기록하여 화장실 거울에 붙여놓으라. 성경 포스터를 구입하라. 성경 찬양을 들려주라. 컴퓨터 화면 보호기에 사용되는 텍스트로 성경 구절을 선택하라. 할 수 있는 방법은 무수히 많다. 창의력을 발휘하라.

- **가족 모두 힘을 합하라.** 우리 부부는 지난 몇 년 동안 성경을 우리 가정의 최우선순위로 놓아야 할 필요성을 서로 느끼고 있었다. 나(바바라)는 공식적인 자리에서든 비공식적인 자리에서든 아이들에게 성경 구절들을 읽어주었다. 그리고 때에 따라서 남편에게 우리 가족이 성경을 읽고, 성구를 암송하며, 우리가 직면한 문제들에 성경을 적용하는 일을 더욱 앞장서 인도하도록 권면한다. 앞에서도 말했지만 나는 하나님의 말씀 안에서 자녀들을 훌륭하게 훈련시키고 있는 편부모들을 많이 알고 있다. 당신도 그렇게 할 수 있다(주님이 당신과 한 팀이 되어주시기 때문이다)!

> **영적 씨앗 4**
>
> 지금부터 앞으로 24시간 동안에 자녀들에게 성경 말씀을 제시해줄 기회가 있는지를 예의 주시하라. 당신과 배우자 중에 누가 더 훌륭한 본보기가 될 수 있는지 살펴보라.

이 모든 방법들은 당신의 자녀들이 영적으로 성장할 수 있도록 양분을 공급하는 효과적인 접근 방법이다. 그러나 한 가지 조심할 것은, 어느 한 가지 방법에 지나치게 의존하지 말라는 것이다. 매일매일 일어나는 일들 가운데 성경을 가르치고 적용할 수 있는 기회가 생길지 유심히 지켜보라. 멀리 이사 간 친구로 인해 섭섭해하는 아이에게는 '범사에 감사하라'는 원칙을 가르칠 수 있는 기회로 삼을 수 있다. 학교에서 힘들어하는 과목이 있으면 지혜와 인내를 달라고 기도하게 하라. 형제간에 다툼이 생기면 성경이 용서에 대해 어떻게 말씀하고 있는지 가르쳐줄 좋은 기회가 된다. 하늘의 별들을 바라볼 기회가 생기면 하나님의 놀라운 능력과 사랑을 설명해줄 수 있다.

우리가 자녀들에게 진리이신 하나님의 말씀을 알아가도록 훈련시킬 때 그들의 마음은 악으로부터 보호를 받게 될 것이다.

때로는 자녀들이 성경에 아무런 관심과 흥미를 가지지 않는 것처럼 보일 수도 있다. 그러나 우리는 그들이 고등학교에 진학해서 믿음에 대한 연단이 시작되면 이런 질문들을 하는 것을 발견했다. "성경은 진화에 대해 어떻게 말씀하고 있나요?" "성경은 이성 친구들과 건전하게 사귀는 것에 대해 어떻게 가르치고 있나요?"

우리는 저녁 식탁에서 활발한 토론을 벌이곤 했는데, 나는 가끔씩 사탄을 옹호하는 역할을 맡아 우리 아이들이 자신의 믿음을 굳게 세울 수 있도록 자극을 주었다. 우리는 아이들을 성경으로 인도했고, 그들은 그 가운데서 스스로 진리를 발견했다. 그때 비로소 그들의 믿음이 굳게 뿌리내리게 된다.

믿음의 가정을 세워나가는 데 있어서 가장 중요한 요소 가운데 하나는 당신이 어떤 영의 양식을 먹느냐다. 가장 완벽한 양식인 하나님의 말씀을 풍성히 먹일 수 있는 어떠한 기회도 놓치지 말고 꽉 붙잡기 바란다.

5

항로를 정하라

작고한 만화가 찰스 슐츠(Charles Schultz)는 전 세계적으로 널리 알려진 찰리 브라운(Charlie Brown)이라는 캐릭터가 등장하는 '피너츠(Peanuts)'라는 신문 연재 만화 가운데 삶의 교훈을 집어넣었던 거장이다. 그 만화에 이런 장면이 하나 있다. 찰리 브라운이 어떤 보트 앞에 앉아 있는데, 그의 여자 친구 루시(Lucy)가 나타나 예의 그 신랄한 한마디를 던진다. "어떤 사람들은 접는 의자를 앞으로 향한 채 자기가 어디로 가고 있는지 호기심 어린 눈으로 바라보며 인생을 살아가지. 또 다른 사람들은 접는 의자를 뒤로 향한 채 자기가 지나온 곳을 뒤

돌아보며 인생을 살아가고." 이어서 루시는 찰리 브라운의 선글라스를 똑바로 바라본다. 이쯤에서 당신은 루시가 찰리에게 정곡을 찌르는 말을 던질 것임을 알아챘을 것이다. "찰리 브라운, 네 접는 의자는 어디를 향하고 있니?"

찰리 브라운은 특유의 슬픈 듯하면서 난처한 표정을 지으며 이렇게 대답한다. "난 정말 모르겠어. 난 아직 내 접는 의자를 펼 줄도 모르거든."

슬프게도 너무나 많은 가정이 이 가련한 찰리 브라운과 닮아 있다. 그래서 자신의 선택과 가치와 행동의 바다에서 자신의 접는 의자를 펼치지 못한 채 이리저리 표류하고 있다.

우리는 당신의 가정이라는 '배'의 선장이며 일등 항해사인 당신이 진정한 영적 성장으로 나아가는 항로가 어디인지 찾아 지도에 기록하는 시간을 가지라고 권고한다.

삶과 죽음의 가치

그 첫번째 단계는, 당신 부부 두 사람이 함께 당신의 가정에서 이것을 위해서라면 목숨을 걸 수 있을 가치들이 어떤 것이 있는지 정하는 것이다. 그래서 두 사람이 다음과 같은 질문에 동의할 수 있어야 한다. 우리 가정은 무엇을 위해 살 것인가?

다음과 같은 예수님의 말씀은 당신의 대답에 도움이 될 것이다.

> "사람이 만일 온 천하를 얻고도 제 목숨을 잃으면 무엇이 유익하리요 사람이 무엇을 주고 제 목숨을 바꾸겠느냐"(마 16:26).

> "그러므로 염려하여 이르기를 무엇을 먹을까 무엇을 마실까 무엇을 입을까 하지 말라 이는 다 이방인들이 구하는 것이라 너희 천부께서 이 모든 것이 너희에게 있어야 할 줄을 아시느니라 너희는 먼저 그의 나라와 그의 의를 구하라 그리하면 이 모든 것을 너희에게 더하시리라"(마 6:31-33).

우리가 단순히 이 시대의 조류를 따라가고 물질 문명이 떠받들고 있는 가치, 곧 직업, 자동차, 호화로운 전원 주택, 돈, 성공 등과 같은 것을 받아들일 수 없음은 명백한 사실이다. 너무나 많은 그리스도인 가정들이 아무런 생각 없이 이웃이 행하는 것이나 교회에서 친구들이 행하는 것들을 그대로 따라하고 있다. 그들은 스스로에게 이런 질문을 던지지 않는다. "우리는 왜 지금 이 일을 하고 있는가?"

진북(眞北)

우리 가정을 꾸민 지 얼마 안 되어 데니스는 자녀들에게 분명히 가르쳐야 한다고 생각하는 것들을 하나씩 적어나가기 시작했다. 처음에 그 목록에는 25개의 항목이 있었는데 곧 50개 이상으로 불어났다. 그 내용은 물론 훌륭한 것들이지만, 50개라면 너무 많은 것이 아닌가 생각되었다. 게다가 나(바바라)는 데니스가 대부분 내 의견을 도외시하고 그 일을 진행했기 때문에 기분이 좋지 않았다. 그렇다고 데니스가 의도적으로 나를 배제시킨 것은 아니었다. 그는 다만 자기 나름대로의 영감에 따른 것이었다.

그래서 몇 달 뒤 어느 주말에 우리는 야외로 나가 두 사람이 각자 자녀에게 심어주고 싶은 가치들을 종이에 적어보았다. 그런 다음 자신이 적은 것 가운데서 가장 중요한 것 10개를 선택했다. 그리고 머리를 맞대고 두 사람의 동의하에 우리 가정에 가장 중요한 다섯 가지 가치를 만들었다. 이 작업은 두 사람의 관계를 함께 나누고 동시에 부모로서 우리가 나아갈 항로의 기준이 될 진북을 세우는 멋진 시간이 되었다. 그 이후 자녀들과 관련된 문제가 발생하면 우리가 세운 가치 목록은 우리가 올바른 방향으로 나아가고 있는지 아니면 엉뚱한 곳으로 떠내려가고 있는지를 판가름해주었다.

> **만일 당신이 지금 어디로 가려 하는지 모른다면, 결코 그곳에 도착할 수 없을 것이다.**

그러나 많은 부모들은 자신이 자녀를 태우고 어디로 가고 있는지 진지하게 생각하지 않는다. 우리는 자녀의 영적 성장을 위한 계획을 갖고 있다고 말하면서도 그것을 명확하게 설명하지 못하는 많은 엄마와 아빠들을 알고 있다. 그들은 자신들의 계획을 종이에 기록해놓지 않았다.

프로 야구계의 큰 별인 요기 베라(Yogi Berra)가 한번은 이렇게 말했다고 한다. "만일 당신이 지금 어디로 가려 하는지 모른다면, 결코 그곳에 도착할 수 없을 것입니다." 혹시 이 말이 바로 부모로서 당신을 가리키고 있지는 않은가?

영적 우선순위

여기서 우리가 말하고자 하는 것은 "우리 아이가 좋은 대학에 들어가거나 고등학교 졸업 후에 좋은 직장에 들어가게 하는 것"과 같은 종류의 우선순위가 아니다. 그런 것들도 물론 중요한 목표이기는 하지만, 우리가 이야기하고 있는 것은 당신이 어떤 대가를 치르더라도 반드시 추구해야 할, 당신의 자녀를 위한 영적 우선순위를 세우는 일이다. 궁극적으로, 당신은 자녀들이 하나님이 그들에게 원하시는 영적 사명과 일생의 소명을 발견하기 원한다.

모든 부모들에게 가장 중요한 영적 목표는 자녀들이 구세주요 주님되신 예수 그리스도와 인격적인 관계를 맺도록 인도하는 것이다. 이 일에는 먼저 다음과 같은 몇 가지 기본적인 진리가 전달되어야 한다.

- 자녀들은 하나님이 어떤 분이시며 그분이 자신들 한 사람 한 사람을 얼마나 사랑하는지를 깨달아야 한다.

"하나님이 세상을 이처럼 사랑하사 독생자를 주셨으니
이는 저를 믿는 자마다 멸망치 않고 영생을 얻게 하려

하심이니라 하나님이 그 아들을 세상에 보내신 것은 세상을 심판하려 하심이 아니요 저로 말미암아 세상이 구원을 받게 하려 하심이라"(요 3:16-17).

• 자녀들은 자신이 하나님의 용서가 필요한 죄인임을 깨달아야 한다.

"죄의 삯은 사망이요 하나님의 은사는 그리스도 예수 우리 주 안에 있는 영생이니라"(롬 6:23).

• 자녀들은 자기 죄에 대한 하나님의 용서하심은 예수 그리스도를 믿는 믿음을 통하여 하나님의 은혜로 말미암아 받은 것임을 깨달아야 한다.

"너희가 그 은혜를 인하여 믿음으로 말미암아 구원을 얻었나니 이것이 너희에게서 난 것이 아니요 하나님의 선물이라 행위에서 난 것이 아니니 이는 누구든지 자랑치 못하게 함이니라"(엡 2:8-9).

몇 년 전 우리 부부가 가정의 우선순위를 종이에 기록했을 때, 우리는 우리 자신이 어떤 존재이며 우리가 무엇을 중요하게 여기는지를 발견했을 뿐만 아니라 더 나아가 다음과 같은 핵심적인 질문에 답하기 위한 긴 여행을 떠난 셈이다. "우리는 성공이란 것을 어떻게 평가할 것인가?" 우리 아이들은 영적 로봇이 아니다. 그들은 스스로 선택해야 한다. 부모로서 우리의 책임은 그들을 주의 교양과 훈계로 양육하는 것이다.

> 가장 중요한 것은 당신과 당신의 배우자가 기도하는 가운데 하나님을 신뢰하며 하나님께 내어놓는 것이다.

당신의 영적 우선순위와 목표는 다른 가정의 우선순위와 목표와는 어느 정도 다를 수밖에 없다. 그러나 가장 중요한 것은 당신과 당신의 배우자가 기도하는 가운데 하나님을 신뢰하며 가정에 가장 중요한 우선순위를 하나님께 내어놓는 것이다.

가장 중요한 우선순위가 분명히 규정되면 그 다음 단계로 작은 항목들에 대한 구체적인 순위를 정하는 것은 더욱 쉬워진다.

일단 가정의 우선순위에 동의한다 해도, 그 가치에 초점을 맞추는 데는 많은 노력이 필요하다. 적어도 1년에 한 번은 우선순위를 재점검해야 한다. 더욱이 가정이 성숙해감에 따라 우선순위가 자연스럽게 변화되기 마련이므로 당신의 가정이 무엇을 지향해야 하는지에 대해 항상 깨어 있어야 한다.

배턴을 넘겨주라

앞에서 우리가 우리 아이들에게 가르쳐주려고 25개의 항목을 만들었다고 한 내용을 기억하는가? 나(데니스)는 이제는 다 헤어져 너덜너덜한, 그때 바바라와 함께 의견 일치를 본 최우선순위를 적은 종이를 아직도 가지고 있다. 이 이야기를 하면 많은 사람들이 내게 찾아와 그 목록을 얻을 수 있는지 묻는다. 그러나 나는 항상 안 된다고 말한다. 왜냐하면 자기 자신이 가정의 우선순위가 무엇인지 스스로 생각하고 찾아낼 때 더 큰 유익을 얻을 수 있다고 믿기 때문이다.

그래도 우리 가정이 자녀 양육과 관련해 선정한 세 가지 최우선순위가 무엇인지 함께 나누는 것이 어느 정도

> **영적 씨앗 5**
> 다음 2주 동안 하루를 택하여 밤에 배우자와 함께 접는 의자에 앉아 – 접는 의자가 없으면 거실 쇼파도 무방하다 – 자녀들을 위한 우선순위를 하나씩 적어보라(혹시 서로 의견이 맞지 않다 해도 물 속에 빠트리고 싶은 생각을 이겨내라).

도움이 될 것이라 생각하여 여기 공개한다.

- 아이들에게 하나님을 경외하도록 가르친다(잠 1:7).
- 아이들에게 온 마음을 다해 하나님을 사랑하도록 가르친다(마 22:37).
- 우리 아이들이 예수님의 지상 명령을 자신의 것으로 삼도록 도전한다(마 28:18-20).

부모로서 우리는 광대한 영적 릴레이 경주(시편 78:1-8을 보라)에 참가하고 있다는 사실을 깨달아야 한다. 우리는 우리가 맡은 몫을 마치고 이제 배턴을 우리 아이들의 손에 넘겨주어야 한다. 우리가 어떻게 배턴을 넘겨주느냐에 따라 다음 세대가 어떻게 예수 그리스도를 따를지가 결정된다. 이 얼마나 큰 영광이고, 책임이며, 특권인가!

이제 접는 의자를 펴고 그리스도를 향해 나아가는 뱃전에 앉아 멋진 경치를 즐기라.

6

배우자와 낭만을 즐기라

 이런 말을 하고 싶지는 않지만, 가끔씩 부부 사이의 낭만에 있어서 최악의 일은 그들이 결혼한 것일 때도 있다. 으악!

 가정을 영적으로 인도하는 내용을 다루고 있는 책에서 낭만에 관해 왜 한 장이나 다루고 있는 것일까? 아이들을 믿음 안에서 양육하는 것과 낭만이 무슨 관련이 있는 것일까?

 모든 것이 관련된다. 가정을 영적으로 인도하기 위해 남편과 아내는 아주 가까운 한 팀이 되어야 한다. 엄마와 아빠가 서로를 지겨워하고, 긴장하며, 차갑게 대한다면 무엇보다 중요한 팀워크가 둘 사이에 어느 정도나 존재하겠는가?

낭만에는 두 사람의 영혼, 곧 함께 있는 것을 기뻐하는 서로 마음이 맞는 두 배우자의 영과 혼이 열정적으로 한데 어울리는 것이 포함된다. 낭만은 남편과 아내가 영적으로 서로 성장하는 관계로부터 흘러나와야 한다. 그러나 우리는 또한 두 배우자가 결혼 생활 가운데 서로를 즐겁게 받아들일 때 영적 성장을 위한 더 좋은 기회가 온다고 믿는다. 배우자의 사랑과 헌신으로 훈훈해진 마음은 그리스도의 사랑과 가르침을 받아들이기 위해 더 크게 열리는 법이다.

낭만에는 음악이나 꽃, 혹은 근사한 저녁 식사 같은 것이 포함되기 마련이지만, 우리가 "배우자와 낭만을 즐기라"고 말할 때 진짜 말하고 싶은 것은, 일상생활 가운데 배우자와의 관계를 더욱 성숙하게 함으로써 둘 사이의 흥분과 재미와 불꽃과 대화와 열정이 끊이지 않게 하라는 것이다. 이 말은 살면서 매일매일 순간순간마다 불꽃이 타오르는 것 같은 뜨거운 감정을 느끼라는 것이 아니다. 그러나 한편으로 장작이 물에 젖거나, 불길이 꺼져서도 안 된다.

우리는 알랜 로이 맥기니스(Alan Loy McGinnis)가 「낭만의 요소(The Romance Factor)」라는 책에서 다음과 같이 한 말을 좋아한다. "낭만의 기술자가 되는 데 많은 생각을 요구하지 않는 것과 마찬가지로, 감성이나 감정적인 요인도 요구되지 않는다. 우리가 생각하는 낭만이란, 누군가를 사랑하기로 선택한 누군가에 의해 일어나는 사건을 말한다. 저녁때 아내에게 장미 한 송이를 가져다주는 남편, 자기의 모든 사랑을 담아 남자 친구가 좋아하는 만큼의 신 맛이 나는 레몬 파이를 만드는 소녀. 이것은 모두 달콤한 감정이라는 끈적거림이 아니라, 결단과 결심으로부터 나오는 그 무엇이다."[4]

그가 말한 '결단과 결심'이 바로 핵심이다. 소유할 가치가 있는 다른 모든 것과 마찬가지로 낭만에도 땀과 인내의 차원이 존재한다.

당신의 결혼 생활을 더욱 낭만적으로 누리기 원한다면 다음의 아이디어를 진지하게 고려해보기 바란다.

배우자를 연구하라

다음 주 혹은 다음 달에, 배우자에게 가장 필요한 것이 무엇인지 정한 다음 그것을 채워주기 위해 모든 노력을 기울이라. 당신은 당신의 배우자를 실망시키는 것이 무엇인지 알고 있는가? 당신의 짝을 활짝 피어나게 만드는 것은 무엇인지 아는가? 감정적인 필요인가? 대화의 부족인가? 애정에 대한 욕구인가? 아니면 가정 안에서 이루어져야 하는 그 어떤 것인가? 용서와 관련된 것은 없는가? 혹시 그것이 화단의 잡초를 뽑고, 아이 재우는 것을 돕고, 저녁 식사 후 설거지를 도와주는 일들처럼 지극히 평범한 것인가?

> **영적 씨앗 6**
> 영혼의 배필에게 당신의 사랑을 보여줄 수 있는 것들을 적어도 세 가지 이상 종이에 적어보라. 그리고 가능한 한 빨리 그것들을 실행에 옮기라.

지난 몇 년 동안 우리 부부가 해온 일은 서로를 진정으로 기쁘게 만드는 행동 목록을 만든 것이었다. 우리는 때때로 아내의 행동거지에 너무나 신경을 쓰는 나머지 결혼이 마치 아내를 개조하기 위해 만들어진 훈련 기관처럼 느껴지기도 한다. 영적으로 말하자면, 만일 당신이 배우자와의 친밀함을 성장시키는 것에 더 큰 관심을 기울인다면 당신의 배우자는 당신과 함께 하나님께 더욱 가까워지는 것에 더 큰 관심을 기울이게 된다는 것을 발견하게 될 것이다. 배우자에게 사랑과 낭만과 애정을 전달해주는 일들의 목록을 만드는 것은 그(녀)에게 이렇게 말하는 것이다. "나는 지금 당신을 생각하고 있어요. 나는 당신이 정말 좋아요. 나는 당신의 유일한 돕는 배필이 되고 싶어요."

배우자와의 데이트 – 낭만의 기회

결혼 생활에서 불꽃이 사그러드는 이유 가운데 하나는 우리가 너무 바쁘고 운전이나 업무로 인한 스트레스, 아이들의 요구 그리고 재정적인 어려움 등으로 인해 다른 일들에 신경 쓸 겨를이 없기 때문이다. 많은 사람들이 삶이 요구하는 것들로 인해 녹초가 되어 있다. 현실적으로 말하자면 부부 사이를 개선할 여유를 찾아보기 힘들며 따라서 낭만을 키울 기회 역시 존재하지 않는다.

> **우리 아이들은 우리 두 사람의 관계가 중요한 우선순위라는 것을 알고 있다.**

한 가지 해결 방법은, 밤 시간에 정기적으로 데이트를 하는 것이다. 지난 15년 동안 우리 부부는 매 주일 밤마다 데이트를 해왔다. 그래서 주일 저녁 6시에 우리가 함께 외출하지 않으면 우리 아이들은 오늘은 데이트를 하지 않느냐고 물어볼 정도다. 그들은 우리 두 사람의 관계가 중요한 우선순위라는 것을 알고 있다.

여기서 당신에게 한 가지 경고하고 싶은 것이 있다. 이러한 데이트가 무르익기보다는 생고기 그대로인 경우도 가끔씩 있다는 것이다. 나(바바라)는 어느 주일 밤에 있었던 데이트를 결코 잊지 못할 것이다. 그날은 우리 아이 가운데 하나가 고집을 피우며 우리의 데이트에 협조해주지 않았다. 나는 아이의 고집에 지쳤고 상황을 냉정히 바라보아야만 했다. 그래서 우리는 둘만의 즐거운 시간을 보내는 대신, 어떻게 하면 그 아이를 잘 다룰 수 있을지를 놓고 세 시간 동안 쉬지 않고 이야기했다. 그리고 함께 기도했다. 그때 우리는 서로의 눈을 바라보지도 않았고, 심지어 시간표도 보지 않았다. 우리는 우리 두 사람에 대해서는 한 마디도 하지 않고 오직 이 문제와 관련된 것 외에는 아무것도 하지 않았다. 때때로 낭만에 불을 붙이려는 우리의 노력이 허사로 돌아가는 경우도 있지만, 우리가 그 일을 지속적으로 해나갈 때 틀림없이 성공하리라 믿는다.

그동안 우리 부부의 밤 데이트는 우리 두 사람의 관계가 감정적으로나 영적으로 다시 하나될 수 있는 기회를 마련해주었다. 그리고 그런 밤 데이트를 마치면 서로를 위해 무엇을 기도해야 할지를 알게 되었다.

주말을 이용해 떠나라

10년 동안 여섯 명의 자녀를 둔 것은 우리의 결혼 생활 10

년 동안 마주친 영적 성장에 대한 가장 큰 도전이 되었다. 우리 두 사람이 서로의 감정이 고갈된 것을 보상하기 위해 취한 방법은 1년에 두세 차례 휴가를 떠나는 것이었다. 아이들과 떨어져 보내는 이틀 밤은 왜 우리 두 사람이 결혼했는지를 다시 생각나게 해줄 뿐 아니라, 우리 서로와 하나님과의 관계를 새롭게 재충전할 수 있는 영적인 오아시스가 되기도 한다.

편부모에게도 이러한 형태의 휴식이 필요하다. 아이들을 친척이나 믿을 만한 친구에게 맡기고 혼자만의 주말을 보내라. 그것에 대해 죄책감을 느낄 필요는 없다. 당신이 재충전되어야 가정을 올바로 인도할 수 있다.

그런 주말 시간을 위한 몇 가지 참고 사항은 다음과 같다. 우선 참석해야 할 일과 들러야 할 장소를 그 시간에 포함시키지 말라. 혼자서 성경을 읽고, 기도하며, 하나님과 만날 수 있는 시간을 할애하라. 서로 함께, 그리고 서로를 위해 기도하라. 자녀들을 위해 기도하라. 두 사람의 부부 관계에 대해 그리고 하나님과의 영적 관계에 대해 이야기를 나누라. 부부와 가정의 영적 성장 목표를 정하라. 다이어리를 가져가 부부의 낭만과 친밀함과 영적 성장이 당신의 우선순위임을 다시 기억할 수 있게 하라.

나(데니스)는 특히 우리 부부가 함께 보냈던 한 번의 낭만적인 휴식 시간에 대한 좋은 기억을 갖고 있다. 예상치 못했던 곳에서 약간의 금전적 이익을 본 나는 우리 두 사람이 뉴잉글랜드로 여행을 떠날 계획을 세웠다. 비행기 예약이며 자동차 대여와 아이들을 맡길 보모를 구하는 일까지 모든 일정은 내가 알아서 했다. 출발 1주일 전, 나는 바바라에게 찾기 놀이를 시작하게 했다. 바바라는 퍼즐을 맞추기 위해 몇 개의 물건을 찾다가 마침내 우리가 갈 행선지의 모습을 만들어냈다. 나는 산책과 이야기 그리고 사진 찍기가 계속 이어진 뉴잉글랜드 여행으로 바바라를 데려갔다. 그 시간은 우리 부부가 신혼 때 가졌던 느긋함과 여유를 다시금 일깨워주었다.

그런 근사함 경험을 통해 우리 가정을 하나님이 기대하시는 가정이 되도록 함께 노력하겠다는 새로운 결단이 나온다. 그리고 그 결단은 결혼 생활을 매우 재미있게 만든다.

당신의 낭만에 다시금 불을 지피게 하는 몇 가지 아이디어가 있다.

- 아내에게 구애하라. 그 이유가 궁금하다면, 하나님이 아가서에 계시하신 내용을 살펴보라. 솔로몬과 그의 신부는 여러 가지 구애를 함으로써 상대방을 향한 뜨거운 사랑의

마음을 움직일 수 있었다.

• 남편에게 연애 편지를 쓰라. 아내인 당신이 받았으면 좋겠다고 생각하는 내용이 아니라, 남편이 받고 좋아할 내용을 쓰라.

• 아내에게 장미꽃 한 송이를 갖다주라. 아내의 손에 장미꽃을 쥐어주고, 두 팔로 안은 다음, 가볍게 얼굴을 쓰다듬으며 이렇게 말하라. "여보, 당신과 결혼한 것이 내 인생에서 가장 현명한 일이었소. 나는 다시 태어나도 당신을 아내로 맞이할 것이오."(경고 : 어떤 남자들은 이 시점에서 인공 호흡에 필요한 산소통을 준비해야 할지도 모른다.)

> **66**
> 당신의 결혼 생활에서 낭만이 사그러들지 않게 하라!
> **99**

당신의 결혼 생활에서 낭만이 사그러들지 않게 하라! 배우자와의 관계가 친밀할수록 한 팀이 되어 가정을 영적으로 인도하는 일을 더욱 잘해낼 수 있다.

7

제자를 훈련시키라

부모는 자녀들을 위해 여러 가지 중요한 역할을 담당한다. 예를 들어 음식을 만들어주고, 잠자리를 제공해주며, 치료해주고, 운전을 해주며, 운동 경기를 지도해주기도 하는 등 일일이 손꼽기 힘들 정도로 여러 가지 일들을 해낸다. 그러나 한 가지 자주 무시되거나 오해를 받는 역할이 있는데 그것은 바로 제자를 만들어내는 일이다.

당신은 자신이 제자를 훈련시키는 트레이너라고 생각하는가? 만일 그렇지 않다면 당신이 제자를 훈련시키는 사람으로서 자신의 임무를 자각해야 하는 이유는 다음과 같다. 당신은 모든 족속을 '제자로 삼아' 야 하는 부르심을 받았다(마 28:19). 그리고 제자를 삼는 데 있어서 당신의 가정이야말로 가장 먼저 그 임무를 수행할 곳이 된다. 또한 특별히 아버지들은 자녀들을 '주의 교양과 훈계로 양육' 하도록 임무를 맡았다(엡 6:4).

아이들은 자신의 삶과 관련된 모든 중요한 것들을 부모에게서 배운다. 이 말이 우리에게 그랬던 것처럼 당신에게도 정신이 번쩍 들게 하지 않는가? 아이들은 처음 태어난 순간부터 놀라운 지각의 '안테나 공장' 을 갖고 있기 때문에, 자신의 삶에서 만나게 되는 모든 커다란 사람들이 보내는 데이터를 수집하는 일을 멈추지 않는다. 그 자료들은 이런 것들이다. 사람들이 어떻게 다른 사람과 대화를 하는가? 사랑을 어떻게 표현하는가? 어떻게 하면 다른 사람의 관심을 끌 수 있는가? 이곳의 분위기는 누가 만드는가? 나는 중요한 존재인가?

우리가 좋아하든 말든 상관없이 우리의 말과 행동은 하나님이 우리의 보살핌 아래 두신 이 경악스러운 작은 인간들이 지켜보고 평가하며 저장한다. 이것은 성경이 우리로 하여금 자녀들에게 신앙에 관해 어떻게 가르쳐야 하는지를 알려주는 분명한 이유 가운데 하나다.

"오늘날 내가 네게 명하는 이 말씀을 너는 마음에 새기고 네 자녀에게 부지런히 가르치며 집에 앉았을 때에든지 길에 행할 때에든지 누웠을 때에든지 일어날 때에든지 이 말씀을 강론할 것이며 너는 또 그것을 네 손목에 매어 기호를 삼으며 네 미간에 붙여 표를 삼고 또 네 집 문설주와 바깥 문에 기록할지니라"(신 6:6-9).

그러므로 자녀들의 영적 강건함을 세우는 일에 관련해서 주 계약자가 누구인지 생각해보라. 바로 선한 아버지와 어머니들이다. 물론 아이들은 틀림없이 다른 경로들, 예를 들어 교회와 주일학교 등을 통해서도 영적 지식을 얻게 될 것이다. 그러나 그들에게 가장 큰 영향을 미치는 것은 우리 부모다. 그 이유는 우리의 제자들은 다른 누구보다 우리와 더 많은 시간을 함께 보내기 때문이다.

하나님과 연결됨

나(데니스)는 열 살된 우리 딸 애슐리(Ashley)가 내가 비행기를 타러가지 않기를 바랐던 어느 날 아침 일을 아직도 기억한다. 그날 아침 내가 차를 후진시켜 차고에 넣으려고 하는데 애슐리가 달려와 나를 꼭 껴안았다. 나는 뭔가 애슐리를 불편하게 하는 것이 있다고 생각했다. 나는 창 밖으로 애슐리의 손을 잡으며 물었다. "무슨 일이지요, 우리 공주님?"

"아빠, 비행기가 추락할까봐 걱정이 돼요." 애슐리는 최근에 달라스에서 있었던 비행기 추락 사고로 겁을 먹은 것 같았다.

"비행기는 자동차보다 훨씬 안전하단다, 애슐리." 나는 애슐리를 안심시키기 위해 말했다. "더구나, 아빠의 삶은 하나님이 꽉 붙들고 계시고, 하나님은 당신이 무엇을 하시는지 잘 알고 계시단다." 그러나 아직도 애슐리는 조그만 두 손으로 커다란 내 손을 꼭 붙잡고 있었다. 아이의 얼굴에는 두려움이 가득했다.

"애슐리, 모든 사람들은 걱정을 한단다. 하지만 우리는 그 걱정을 하나님께 내어드려야 해. 너는 지금 나를 점점더 조금 의지하고, 하나님을 더 많이 의지하는 법을 배워나가고 있는 중이란다." 그러나 애슐리는 아직도 납득이 되지 않는 표정을 지으며 내 손을 더 세게 붙잡았다. 그래서 나는 이렇게 말해주었다. "아빠는 언제나 네 곁에 있으면서 네 질문에 대답해줄 수 없지만, 하나님은 그렇게 하실 거야."

그때 마침, 애슐리가 이해하도록 도와줄 수 있는 좋은 방법이 떠올랐다. "이건 마치 네게서 보이지 않는 전기선이 나와서 아빠와 엄마한테로 연결되어 있는 것과 마찬가지야. 네가 점점 자라면 엄마 아빠는 너와 우리 사이에 연결된 선을 뽑고 그것을 하나님께 연결할 수 있도록 도와주어야 할 의무가 있단다."

나는 애슐리의 한쪽 손을 부드럽게 잡고 보이지 않는 선을 '뽑았다.' 애슐리는 인상을 찌푸렸지만 내가 자기 손을 머리 위에 얹게 해서 하나님과 연결되어 있음을 볼 수 있도록 도와주자 이내 미소를 지었다.

> 부모로서 우리의 임무는 자녀들을 하나님과 연결시켜주는 것이다.

"애슐리, 이제 아빠는 가봐야겠다. 네 모든 걱정거리를 예수 그리스도께 맡겨드리렴. 예수님이 네게 평안한 마음을 주실 거야."

부모로서 우리의 임무는 자녀들을 하나님과 연결시켜주는 것이다. 이 과정에서 우리에게 모범을 보여주신 분은 역사상 가장 위대한 스승이신 주 예수님이시다. 어떤 의미에서 제자들은 예수님의 가족이었다. 예수님은 자신의 삶을 그들에게 쏟아

부으셨다. 그리고 제자들을 곁에 두심으로써 예수님이 어떤 삶을 사시는지 직접 보게 하셨다. 그 가운데 예수님은 종종 그들이 함께 경험하는 것들을 근거로 하는, 생생하면서도 결코 잊을 수 없는 실물 교육을 통해 그들이 알아야 할 것들을 가르쳐 주셨다. 우리는 예수님이 보여주신 본을 통해 제자 훈련에 관해 많은 것들을 배울 수 있다.

기초 훈련

제자 훈련의 네 가지 기본 개념은 다음과 같다.

효과적인 훈련에는 목표를 분명히 보는 것이 필요하다. 많은 엄마와 아빠들이 자녀들에게 영적으로 무엇을 심어주려 하는지에 대한 명확한 계획과 생각을 갖고 있지 않다. 구원 이후에, 당신은 당신의 자녀가 하나님과 어떤 관계를 맺기를 원하는가? 그들이 하나님의 말씀과 그리스도인의 삶에 대해 무엇을 알게 되기를 기대하는가? 그리고 그들이 어떤 가치관과 성품을 가지도록 기도하는가?

우리는 자녀들에게 가르치고자 하는 영적 교훈 목록을 작성하는 일이 얼마나 중요한지를 이미 앞에서 언급한 바 있다.

그 내용은 당신이 계속해서 찾아보고 또 찾아볼 기초가 된다. 그러나 거기서 멈추지 말라. 당신의 자녀가 하나님과 동행하고 그분께 순종하도록 훈련시키라.

효과적인 훈련에는 계획과 전략이 포함된다. 당신은 당신의 자녀를 위한 영적인 목표들을 어떻게 성취하려고 하는가? 너무 많은 상세한 것까지는 필요없겠지만, 중요한 목표들은 문서로 작성하고 해마다 다시 점검해야 한다.

효과적인 훈련에는 반복이 필요하다. 한 그린 베레 병사가 이렇게 말했다. "우리 그린 베레는 가능성 있는 모든 상황에서 어떻게 행동해야 할지를 습득하기 위해 계속적으로 반복 훈련을 실시한다. 그래서 전투가 시작되면 우리는 각자 무엇을 해야 할지를 알게 된다. 그것은 우리에게 제2의 본능이 된다." 자녀들이 단번에, 아니 열다섯번째 시도에서라도 모든 것을 해내리라 기대하지 말라. 이 일은 자녀 양육에 있어서 맥이 빠지기 쉬운 부분이다. 그러나 당신은 자녀들로 하여금 하나님의 뜻 가운데 거하도록 훈련시키고 권고하며 격려하는 일을 계속해서 단호히 밀고 나가야 한다.

효과적인 훈련에는 기준과 책임이 포함되어야 한다. 제자 (disciple)라는 말은 훈련(discipline)이라는 말의 어원이다. 따라서 제자를 만드는 과정에는 지속적이고 합당한 훈련이 포함된다.

'자세히 살펴보지 않은 것은 기대할 수 없다'는 옛날 격언이 있다. 아이들이 자라는 과정 중에 부모는 복종, 자기 통제, 정직, 다른 사람에게 친절함, 이기적이지 않음 등의 기초를 다져주어야 한다. 그것은 영적 강건함을 세우는 데 필수적인 요소다. 부모들이 흔히 저지르는 실수 가운데 하나는 아이들을 올바로 살펴보지 않고 지나치게 풀어주는 일이다. 이것은 한 명 이상의 자녀를 둔 가정에서 특히 자주 일어나는 일이다. 부모들은 흔히 첫 아이는 지나치게 통제를 하고 이어서 둘째와 다른 동생들에 대해서는 너무 느슨해지는 경향이 있다.

실질적인 제자 만들기

혹시 당신은 이렇게 생각할지도 모르겠다. "그게 좋은 생각인 것은 알겠는데, 그럼 그것을 어떻게 적용해서 실제로 우리 집에서 제자를 키울 수 있을까?" 여기 몇 가지 실용적인 방법들을 소개한다.

- **매일 개인 경건 시간을 가지라.** 그리고 혹은 일주일에

한 번 가정 예배를 드리라. 이것은 비록 예전부터 있어온 아이디어지만, 오늘날에도 결코 그 의미가 퇴색되지 않고 끊임없이 도전을 주고 있다. 대부분의 그리스도인 가정은 이 일을 꾸준히 그리고 잘 진행하기 위해 매우 애를 쓰고 있다(이것은 바로 우리의 경험이기도 하다). 이 일의 열쇠는 어색한 감정과 과거의 모든 실패에 대한 기억을 버리고 계속 해나가는 것이다.

시중에는 가정 예배를 위한 훌륭한 책들이 많이 나와 있는데, 그 가운데는 포커스 온 더 패밀리(Focus on the Family) 출판사에서 나온 「헤리티지 빌더스(Heritage Builders)」같은 책이 있다. 최근에 우리 가정에서 매일 경건 시간에 자주 활용하는 자료는 과거의 용감한 믿음의 행동을 시리즈로 다룬 '이날에(On This)' 다.

• **어느 정도 자란 자녀와 함께 단기 선교 여행을 다녀오라.**
그들에게 예수 그리스도의 시각으로 세상을 바라보고 자신의 가치관을 재정립하게 하는 데 이보다 더 좋은 것은 없다. 몇 년 전에 우리는 세 명의 자녀와 함께 중국에 가서 그리스도를 전하고 전임 선교사와 교제를 나누는 멋진 시간을 가졌다. 심지어 그곳에 몰래 성경을 밀반입하기도 했다.

그러나 예수님의 사랑을 본받기 위해 꼭 먼 곳으로 가야만 하는 것은 아니다. 노숙자들에게 식사를 제공하는 모임에서 자원 봉사를 하거나, 이웃에 사는 나이 드신 분의 집 안팎을 대신 청소해주는 것도 좋다. 자녀들이 해외나 동네에서 의미 있는 선교 체험을 할 수 있도록 여러 가지 창조적인 시도를 해보라.

> **영적 씨앗 7**
> 배우자와 함께 앉아 이 장에서 제시한 여러 제안들을 살펴보라. 그 가운데서 어느 것이 당신의 가정에 잘 맞고, 가장 큰 효과를 발휘하겠는가? 그 가운데서 한 가지를 택하거나, 혹은 당신이 새로운 아이디어를 내어 이번 주에 실천해보라.

• **가족 캠프나 강습회에 참가하라.** 우리 부부는 오랫동안 우리 가정을 성장시키기 위해 여러 가지 특별한 영적 이벤트들을 사용해왔다. 이러한 시간들은 우리 아이들에게 하나님의 말씀에 집중하게 했을 뿐 아니라 신실한 여러 그리스도인들을 만날 수 있는 기회를 제공해주었다. 십대들을 위한 가장 훌륭한 강습회 가운데 하나는 CCC에서 기획하는 스튜던트 벤처(Student Venture)다. 해마다 여름과 겨울 방학 기간 동안 열리는 이 강습회는 자녀들이 진정한 그리스도의 제자가 되는 데 큰 도전이 될 것이다(자세한 정보를 원한다면 인터넷 홈페이지 www.studentventure.org를

참조하라).

당신이 어떤 방법을 택하든 우리는 당신이 부모로서의 역할 가운데 가장 중요한 일인 분명한 제자를 만드는 일에 매진할 것을 권면한다. 당신보다, 예수님을 따르는 위대한 인물을 길러낼 더 좋은 기회를 갖고 있는 사람은 아무도 없다는 것을 명심하라.

척 스윈돌(Chuck Swindoll)은 이 말을 이렇게 멋지게 표현했다.

> 가정에 대해 많은 말들이 있지만, 가정은 삶의 바탕이며, 모든 사상과 신념이 그 위에서 담금질되어 굳어지는 모루다. 가정은 인생의 청구서가 계산되는 곳이며, 우리의 지상의 삶 가운데 가장 영향력 있는 단 하나의 장소다. 우리가 주어진 상황을 받아들이는 그곳은 바로 가정, 식구들과 함께 있는 곳이다. 그리고 삶이 결정되는 곳이다.[5]

8

어두움과 싸우라

혹시 당신과 가족들이 이른 아침부터 밤늦게까지 보이지 않는 '나쁜 녀석'들과 치열한 영적 전투를 하고 있다는 느낌을 받은 적이 있는가?

영적으로 활기 넘치는 가정을 세워나가는 모든 사람들은 우리의 대적을 공격하고 방어하는 여러 가지 방법들을 개발해야 한다. 성경은 이렇게 분명히 말씀하고 있다. "마귀의 궤계를 능히 대적하기 위하여 하나님의 전신갑주를 입으라 우리의 씨름은 혈과 육에 대한 것이 아니요 정사와 권세와 이 어두움의 세상 주관자들과 하늘에 있는 악의 영들에게 대함이라"(엡

6:11-12).

    그들과의 싸움터는 그리스도인의 가정 가운데 종종 아무런 해가 없어 보이는 것들을 둘러싸고 형성된다. 이 말의 의미를 설명하기 위해서 가공의 인물인 스미드(Smiths) 씨 가정에서 일어나는 아침 일과를 살펴보기로 하자. 부모인 조지(George)와 마샤(Marsha) 씨는 마귀를 대적하는 데 능숙한 전사다. 이들은 결혼한 지 20년이 된 40대 부부로, 슬하에 열여섯 살인 토냐(Tonya)와 열세 살인 루크(Luke) 남매를 두고 있다고 하자.

    토요일 아침 7시 30분, 조지 씨가 맞추어놓은 알람이 울리기 시작한다. 그는 한숨을 쉬며 침대에서 몸을 일으켜 아내인 마샤에게 입맞춤을 하고 밖으로 나간다. 한 시간 정도 더 잤으면 하는 마음이 굴뚝같지만, 그는 그동안 가족들을 위해 마귀와 싸우는 가운데 자신이 영적으로 올바로 서지 못하면 마귀와의 싸움에서 이기지 못하리라는 것을 익히 알고 있다.

> 조지 씨는 30분 동안 하나님의 말씀을 읽고, 묵상하며, 기도하고, 왕이신 하나님을 찬양한다.

    조지 씨는 비틀거리며 이리저리 널린 빨래더미를 지나 주방으로 들어가 자리에 앉아 커피와 토스트로 아침 식사를 한다. 그리고 지하실에 있는 작은 방으로 들어가 문을 닫고 30분 동안 하나님의 말씀을 읽고, 묵상하며, 기도하고, 왕이신 하나님을 찬양한다. 또한 기도 일지에 가족들이 다음 24시간 이내에 맞이할지도 모르는 중요한 영적 문제점들을 기록한다.

조지 씨가 지하실에서 올라오면 마샤 부인은 간단한 시리얼로 아침 식사를 끝내고 있다. "몇 분 더 있어야 하오? 그럼 아침 식사는 내가 맡도록 하지." 마샤 부인은 미소를 지으며 동의한다는 뜻으로 고개를 끄덕이고는 영적 준비를 하기 위해 침실로 향한다.

그때 갑자기 루크가 뛰어들어와 마샤 부인이 놀라 넘어질 뻔하게 만든다. "미안해요, 엄마." 루크는 찬장에서 시리얼을 담을 그릇을 꺼내들며 아빠에게 말한다. "안녕히 주무셨어요, 아빠? 저 오늘 10시에 축구 시합하는데, 보러 오실거죠?"

"이런, 오늘은 안 될 것 같구나. 대신 엄마가 보러 가실 거야. 아빠는 다음 수요일 시합 때 가도록 하마."

"네, 아빠. 그런데요." 루크는 시리얼을 그릇에 가득 부으며 계속 이야기한다. "제 친구 로브(Rob) 아시죠? 걔가 오늘 시합 끝나고 자기네 집에 가서 놀다가 자고 가면 안 되냐고 하는데, 그래도 돼요?"

"그거 신나겠는걸. 그런데 너 오늘 해야 할 일은 다 한 거니?"

"그럼요. 그건 오늘 시합 전까지 다 해치울 수 있어요. 그럼 로브네 집에 가도 되는 거죠?"

"잠깐만, 한 가지만 더 물어볼게. 오늘 오후에 걔네 집에 가서 뭐할 거니?"

"로브가 그러는데, 엄마랑 함께 시내에 가서 영화 구경할 거라고 그러던데요."

"무슨 영화를 보러 갈 거니?"

"음, 우리는 '죽음과 숙명(Destiny Death)'이라는 영화를 보고 싶어요. 캐스퍼 콩(Kasper Kong)이 나오는 굉장히 재미있는 액션 영화거든요."

조지 씨는 TV에서 본 그 영화 광고의 잔인한 장면들이 생각났다. "그 영화 꼭 봐야 하는 거냐? 그 영화 무슨 등급 받았지?"

"잘 모르겠는데요."

"그래? 그럼 잠깐 기다리렴. 내가 인터넷으로 검색해봐야겠구나." 조지 씨는 이렇게 말하고 인터넷에 접속해 영화의 간단한 줄거리와 유해 내용이 담겨 있는 영화 정보 사이트를 검색해보았다. 예상대로 '죽음과 숙명'은 13세 미만 관람 금지 등급이 매겨져 있었고, 폭력 장면이 많으며, 캐스퍼 콩과 여자 경찰관과의 섹스 장면이 등장하고, 저속한 언어가 과도히 사용되었다고 소개되어 있었다. 더구나 예수 그리스도의 이름이 욕설로 사용된 게 다섯 번이나 된다고 했다.

> 그래? 그럼 잠깐 기다리렴. 내가 인터넷으로 검색해봐야겠구나.

"이런, 세상에." 조지 씨는 주방으로 돌아오면서 혼잣말로 중얼거렸다. "루크, 아빠는 그 영화가 너희들이 볼 만한 좋은 영화라고 생각하지 않는단다."

"아빠!" 루크는 얼굴을 찌푸렸다. "전 이제까지 재미있는 영화를 단 한 번도 본 적이 없어요. 학교 친구들은 벌써 이 영화를 다 봤다고 하는데, 대체 뭐가 문제예요?"

"루크, 네가 어떤 영화를 볼 것인지에 대한 규칙이 있다는 건 알고 있지? 내가 로브의 어머니께 전화를 걸어 말씀드리도록 하마."

"안 돼요, 아빠! 제발요, 창피하게…" 루크는 아빠 표정을 보고는 입을 다물고 말았다. "맘대로 하세요, 뭐." 루크는 그릇을 싱크대에 집어넣고 밖으로 뛰어나갔다.

조지 씨는 벽에 걸린 전화기를 바라보았다. 그는 '차라리 이것보다는 치과에 가는 게 낫겠어!' 라는 생각을 했다. 그리고는 바로 30분 전에 오늘도 가정을 지키는 수호자가 되겠다고 주님께 약속했던 것을 기억했다. 조지 씨는 중얼거렸다. "좋았어, 당장 전화를 걸자구." 그리고 로브의 어머니에게 전화를 걸어 자신이 누구인지 밝혔다.

"안녕하세요? 로브 어머니, 로브가 저희 루크를 초대하게 해주셔서 감사드립니다. 그런데, 루크가 오늘 '죽음과 숙명' 이라는 영화를 보기로 했다고 하더군요. 하지만 제 생각으로는…"

"아, 아직 어떤 영화를 볼지는 정하지 않았답니다. 그 영화 괜찮을까요?"

"솔직히 말씀드려서, 인터넷을 검색해보았더니 폭력과 욕설이 너무 많이 나온다고 하더군요."

"그래요? 그럼 다른 영화를 봐야겠네요."

"제 생각에 동의해주시니 기쁘군요. 혹시 원하시면 다른 볼 만한 영화가 있는지 찾아보겠습니다. 더 좋은 영화가 있을 겁니다."

> 조지 씨는 벽에 걸린 전화기를 바라보았다. 그는 '차라리 이것보다는 치과에 가는 게 낫겠어!' 라는 생각을 했다.

어두움과 싸우라

"그래주시겠어요? 그럼 축구 시합 때 만나 말씀 나누도록 하죠."

"좋습니다. 저 대신 애 엄마 마샤가 갈텐데, 제가 검색한 내용을 알려드리도록 하겠습니다."

조지 씨는 수화기를 내려놓으며 로브의 어머니와 의견이 일치해서 다행이라고 생각했다. 시계를 보니 9시 30분이다. 한숨 자고 싶은 생각이 들었지만, 루크가 어디 있는지 찾다가 자기 방에 있는 것을 발견했다.

"루크, 아빠가 로브의 어머니께 말씀드렸단다." 조지 씨가 말했다.

"로브의 어머니도 로브에게 '죽음과 숙명'이라는 영화를 보여주고 싶지 않다고 하시더구나."

루크는 실망한 표정을 지으며 침대에서 바닥으로 털썩 내려앉았다. 그리고 고개를 숙이고 말했다. "아빠, 학교 친구들은 벌써 거의 다 봤대요. 그리고 그렇게 나쁜 영화가 아니라고 하던데요."

"그래, 너만 뭔가를 놓치는 것 같아 실망스럽다는 걸 아빠도 안다. 하지만 엄마와 나는 꼭 필요하다고 생각할 때는 안 된다고 말해야만 한단다. 그리고 지금이 바로 그때라고 생각해."

 루크는 창밖을 바라보고 있고 조지 씨는 계속 이야기를 한다. "루크, 그렇다고 엄마 아빠는 네가 기분 나빠하는 걸 좋아하는 게 아니란다. 우리가 이런 결정을 한 건 바로 너를 사랑하기 때문이야. 그건 너도 알고 있지?"

 그러자 루크가 고개를 들었다. "예, 알아요." 그리고 금방 다시 입을 열었다. "그럼 로브와 다른 영화는 볼 수 있는 거죠?"

 "물론이지. 어서 시합 준비나 하렴. 그런 다음 인터넷으로 다른 재미있는 영화를 찾아보자꾸나."

 루크는 자리에서 일어났다. "알았어요. 아빠, 고마워요."

 조지 씨는 루크의 머리를 마구 헝클어뜨렸고, 루크는 살짝 미소를 지었다.

 다시 주방으로 돌아온 조지 씨는 마샤 부인이 울고 있는 딸 토냐를 한 팔로 감싸고 있는 모습을 보았다.

 "무슨 일이야?" 조지 씨는 물었다. 토냐는 눈물로 얼룩진 얼굴을 들어올렸지만 아무 대답도 하지 않았다. 마샤 부인은 남편에게 '아무 말 않고 내버려두는 게 좋겠어요'라는 표정을 지어보였다. 조지 씨는 토냐가 정신이 약간 나간 것 같은 미성숙한 남자 친구 문제로 고민한다는 것을 알고 있었다. 조지 씨는 새로운 갈등이 불거진 건 아닌지 궁금했다. 그래서 손짓으로 아내를 불러내 현관으로 데리고 갔다. "무슨 일이오?"

"남자 친구 조니(Johnny)가 어젯밤 육체 관계를 요구해왔대요."

"이제 조니와의 만남을 끝낼 때가 되었다고 생각하지 않소?" 조지 씨는 흥분으로 목덜미가 빨개지며 말했다.

"글쎄요. 한번 이야기해보자구요, 알았죠? 그리고 루크가 시합하는 데 안 데려다 줄 셈이에요?"

조지 씨는 자신의 토요일 계획이 허물어지는 것을 보았다. "물론 상관은 없는데, 그럼 오늘 어떻게 차고를 청소할지 대책이 서지 않는 걸."

"중요한 일을 먼저 하세요, 여보." 마샤 부인은 이렇게 말하고 토냐에게로 돌아갔다.

"루크! 물건 다 챙겼니? 아빠가 시합에 데려다주마." 조지 씨는 루크를 부르고는 야구 모자와 자동차 열쇠를 손에 쥐고 현관문을 향해 다가갔다. 그러다 문득 약속한 게 생각났다. "아참, 그전에 먼저 컴퓨터 앞으로 와라. 영화 검색해야지." 그리고 얼른 인터넷에 접속했다. 로브의 어머니를 만났을 때 추천해줄 영화를 찾아야 하기 때문이다.

이것은 영적 전쟁인가?

조지와 마샤 부부의 이야기에 당신도 공감하는가? 만일 그렇지 않다면 앞으로 그렇게 될 것이다. 우리 부부는 여섯 명의 자녀를 키우면서 거의 날마다 그와 비슷한 상황에 처하곤 했다. 우리 영혼의 대적은 우리 가정을 한치씩 무너뜨리기를, 다시 말하면 우선 한 번의 잘못된 선택을 이끌어내기를 바라고 있다. 그런 위협을 분명히 인식하고, 안팎으로 잠적해 있는 마귀와 싸우는 것이 부모인 우리의 임무다. 우리는 어떤 때는 그 전쟁을 잘 수행하기도 하고, 어떤 때는 그렇지 못하기도 하다. 그러나 우리 가정을 영적으로 성장시키려면 그 전쟁을 반드시 수행해야 한다.

우리 가정, 그리고 당신의 가정을 위협하는 악의 형태는 다음과 같다.

- **세상 문화 가운데 있는 부패한 사상** – 예를 들어, 우리 사회는 남녀 관계, 이혼, 낙태, 혼외 정사, 물질주의 등에 대해 어떤 의식을 심어주고 있는가?

- **오염된 미디어** – 많은 TV 프로그램이 선정성으로 물들어가고 있으며 광고 또한 눈뜨고 보기 민망할 정도다. 영

화는 점점 극단으로 치닫고 있고, 음악은 저속하거나 도발적이 되고 있다.

• **인터넷** – 인터넷은 정보의 바다가 아니라 포르노의 바다가 되어버렸다. 클릭 한 번이면 수많은 영상물을 쉽게 접할 수 있다.

• **단순히 옷 이상을 판매하는 십대 대상 판매점들** – 지오다노나 아베크롬비 앤 피치 같은 의류 업체는 선정적이고 노골적인 성 묘사가 담긴 포스터와 카탈로그를 마구 뿌려대고 있다.

• **고도의 물질주의** – 계속해서 더 많은 것을 얻고자 하는 끊임없는 압박.

• **육체적 위험** – 강간으로 이어지는 데이트, 마약, 학교에서의 즉흥적인 폭력, 외모와 체중에 대한 과도한 스트레스 (특히 십대 소녀들에게).

• **다른 '그리스도인 가정'** – 겉으로 보기에 그들의 가치관은 당신의 가정과 똑같다. 그러나 실제로 그들의 가치관은 세상의 것과 본질적으로 다를 바가 없다.

• **우리 마음속에 있는 악** – 우리는 모두 육체의 유혹과 싸우고 있다. 예수님이 말씀하신 것처럼 "마음에서 나오는

것은 악한 생각과 살인과 간음과 음란과 도적질과 거짓 증거와 훼방이니 이런 것들이 사람을 더럽게 하는 것"(마 15:19-20)이다.

우리의 대적은 교활한 사기꾼이다. 물론 위에 적은 것들은 극히 일부에 지나지 않는다. 당신의 가정을 위해 항상 깨어서 준비하라.

전투 준비

부모들은 자녀들을 대신하여 우리의 영적 원수와 대적해야 한다. 만일 당신과 당신의 가정이 영적으로 성장하고 싶다면, 가정을 영적으로 지켜내는 법을 아는 동시에 공세를 취해야 한다. 그러기 위해 몇 가지 제안을 한다.

- 당신 자신과 당신의 가정이 지금 살고 있는 곳이 바로 전쟁터임을 명심하라. 하나님의 명성과 영원하심은 당신과 당신의 가정이 무엇을 선택하느냐에 따라 좌우된다.
- 배우자는 당신의 적이 아님을 깨달으라. 배우자와 함께 서서 공동의 적을 향한 전쟁터로 나아가라!
- 굳게 서서 하나님의 말씀을 인도자로 삼으라. 말씀으로

전신갑주를 입으라. 우리는 승자 편에 서 있다. 승자처럼 행동하라(엡 6:13-17을 보라).

• 쉬지 말고 기도하고, 범사에 감사하라(살전 5:17-18을 보라). 기도는 당신의 가정을 위한 싸움에서 무엇보다 중요한 힘의 원천이다.

• 유혹을 가볍게 여기지 말라. 부정한 것은 피하라(딤후 2:22를 보라). 마음을 지키라(잠 4:23을 보라).

• 보거나 느끼는 것이 아니라 믿음을 따라 행하라. 하나님과 그분의 말씀은 전적으로 신뢰할 만한 것이기 때문에 우리의 믿음과 구별된다. 하나님의 말씀을 굳게 잡고 떠나지 말라(고후 5:7을 보라).

• 마귀와 싸우고 있는 다른 사람들과 힘을 합하라. 그리스도의 몸은 우리가 하나로 뭉치고 우리의 재능과 다른 사람들의 자원들을 함께 활용할 때 강력해진다.

영적 씨앗 8

만일 당신의 자녀가 충분히 나이가 들었다면 우리 주위에 있는 악에 대해, 그리고 어떻게 하면 '하나님의 전신갑주'를 입음으로써 자신감을 갖고 마귀를 대적할 수 있는지에 대해 이야기하라. 무엇보다 기도하기를 가르치는 것부터 시작하라.

공격 무기와 방어 무기를 갖추고 어둠과 싸우는 것은 영적으로 건강한 가정이 되는 데 필수적인 것이다. 마음을 굳게 먹고 전선을 바라보라. 그곳은 대부분의 사람들에게 주방만큼이나 가까이 있다.

9

휴식을 취하고 재충전하라

당신과 당신의 가정은 주일을 주중의 다른 날들과 구별하는가? 만일 그렇지 않다면 당신은 육체적 재충전뿐 아니라 영적 회복도 함께 놓치고 있는 것이다. 성경 전체에서 가장 심오하고 강력한 원리 가운데 하나는 영적 휴식이 영적 성장보다 우선한다는 것이다. 이것이 바로 안식일의 참된 의미다.

하나님은 모든 사람이 6일 동안 노동하고 땀을 흘린 뒤에 휴식해야 함을 아셨다. 그래서 하나님은 이렇게 명령하셨다. "너는 엿새 동안 일하고 제칠일에는 쉴지니 밭 갈 때에나 거둘 때에도 쉴지며"(출 34:21). 이것이 우리에게 규칙적으로 쉬고,

묵상하며, 삶을 반성하고, 하나님 아버지의 음성을 분명히 들을 수 있는 평화의 시간을 가질 수 있도록 안식일을 주신 이유다. 이 시간은 부모가 가족들과 함께 모여 다음 주간에 자신의 삶과 가족의 삶 가운데 영적으로 필요한 것들에 대해 초점을 맞출 수 있는 시간이다.

물론 우리는 우리가 살고 있는 이 시대에는 주일에(도) 일을 해야 하는 사람들이 많다는 것을 알고 있다. 그 가운데는 목회자와 교회 직원들처럼 우리가 예배하는 것을 돕는 사람들도 포함된다. 그러나 중요한 것은 안식일의 의미다. 주일 외에 다른 날에만 휴식과 재충전을 할 수 있는 사람들도 있다.

나(바바라)는 주일이 이 목적을 위해 따로 준비되어야 하는 날이어야 한다고 오랫동안 강력하게 느껴왔다. 나는 항상 앞서 인용한 말씀의 후반부에 더 큰 감동을 받는다. "밭 갈 때에나 거둘 때에도 쉴지며." 이를 다른 말로 하면, 집안에 아무리 바쁜 일이 있어도, 혹은 해야 할 일이 산더미같이 쌓여 있어도 우리는 매주 한 번씩 평안한 시간을 반드시 가져야 한다

> **"**
> 우리는 우리 아이들이 어른이 되어 하나님의 조용한 음성을 듣지 못하게 되기를 원치 않는다.
> **"**

는 것이다.

안식일의 걸음걸이에 속도를 맞추는 것은 무척이나 스트레스를 받는 일이 될 수 있다. 거기에 익숙해지기까지는 속도를 늦추고 휴식을 취하는 일은 힘이 든다. 특히 우리 가정처럼 식구가 많은 집에서는 쉬운 일이 아니다. 그러나 우리는 우리 아이들이 주일은 어떤 점에서 다른 날과 달라야 한다는 것을 깨닫기 원한다. 우리는 우리 아이들이 어른이 되어 너무 조급하고 분주해서 하나님의 조용한 음성을 듣지 못하게 되기를 원치 않는다.

이러한 결심에도 불구하고 하나님이 안식일에 대해 어떤 생각을 갖고 계신지를 올바로 파악하는 데는 아직 거리가 멀다. 우리는 주일을 다른 날과 구별하려고 노력한다. 주일에 낮잠을 자거나 책을 읽거나 너무 벅차지 않은 재미있는 놀이를 할 수도 있다. 그리고 정원을 가꾸는 일 같은 것은 보통 제한된다. 대개 데니스와 나는 주일 저녁마다 주말 데이트를 했다. 그 시간은 식사와 대화, 계획 세우기, 그리고 하나님이 우리 가정에 원하신다고 믿는 것들을 우리 삶 가운데 재배치하는 일에 사용된다.

당신의 가정이 안식일을 값지게 보낼 수 있는 몇 가지 힌

트를 소개하면 다음과 같다.

- **주일을 훌륭하게 보내려면 그 전날부터 시작해야 한다.** 예를 들어, 아이들이 월요일에 제출할 숙제가 있다면 토요일 밤까지 모두 마치게 한다. 그리고 주일이 되면 교회에 간다. 그리고 주일 오후 시간에 전화 사용은 제한한다. 그렇게 하면 집 안이 좀더 조용해진다. 그러면 낮잠을 자거나 독서를 하고 가족 간의 사랑을 증진시키고 가벼운 놀이를 할 분위기가 만들어진다. 각종 공과금 고지서를 챙기거나 가계부를 계산하는 일 따위의 걱정을 불러일으킬 만한 일들은 피한다.

- **가장 중요한 것은 예배다.** 반드시 교회에 출석하고 예배를 마치고 집에 와서도 마음속으로는 계속 하나님을 예배하라. 위대하신 우리 하나님을 찬양하는 찬송가와 찬양이 집 안 가득 울려퍼지게 하라.

- **가족이 함께하는 시간을 즐기라.** 예배를 마치고 하나님이 만드신 자연과 더불어 (등산, 낚시, 공원 산책) 한두 시간 정도 지내는 것은 우리의 영혼을 새롭게 하고 바쁜 가족들과의 관계를 깊게 하는 좋은 방법이다.

- **조바심을 내지 말라.** 안식일을 지키는 것이 율법주의적

인 짐이 되게 해서는 안 된다. 이것은 중요한 원리다. 오늘날과 같이 분주한 문화 가운데서 주일이라고 맘 편히 쉴 수만은 없을 것이다. 그러나 물러서지 말라. 이 특별한 날을 어떻게 즐거운 휴식의 시간으로 만들 수 있을지 계속 연구하라.

> **영적 씨앗 9**
> 배우자와 함께 어떻게 하면 이번 주일에, 혹은 다음 주 가운데 아무 날이라도, 휴식을 취할 수 있을지 이야기를 나누라. 그런 다음, 주일을 마무리하는 시간에 얼마나 휴식과 재충전을 할 수 있었는지 서로 종이에 적어 비교해보라.

2001년 9월, 결코 잊을 수 없는 사건이 일어난 이후 우리는 안식일의 중요성을 다시금 되새길 수 있었다. 화요일 아침부터 토요일 저녁까지 TV 화면은 온통 펜타곤(Pentagon)과 국제무역 센터 쌍둥이 빌딩이 공격당한 가슴 아픈 장면들로 가득 채워지고 있었다. 우리 가족에게는 9월 16일 주일이 필요했다. 그날은 하나님을 예배하고 기도하는 가운데 하나님의 뜻을 다시 찾기 위해 특별히 구별된 날이 되었다. 그리고 우리는 모두 안식일의 평안을 누릴 수 있었다.

만일 예수님을 따르는 우리가 주일날 참된 안식을 구한다면, 더욱 정결한 마음과 평안한 심령과 평강으로 가득 찬 마음을 우리 가정 안에서 거둘 수 있을 것이다. 그 결과 우리의 영적 뿌리는 더 깊어지고 그리스도와 그분의 나라를 위해 더 풍성한 열매를 맺게 될 것이다.

10

언약을 지키라

"자네는 만약에 바바라가 간음을 저질러도 그녀와의 결혼 서약을 지키겠는가?"

당신은 나와 결혼 상담을 한 친구가 이런 질문을 던졌을 때 내가 얼마나 움찔했는지 상상할 수 있을 것이다. 그리고 그 친구는 내가 미처 대답을 하기도 전에 바바라를 보며 같은 질문을 던졌다. "바바라, 당신은 만에 하나 데니스가 바람을 피워도 그를 사랑할 건가요?"

나는 그 친구가 던진 질문을 통해 결혼 서약을 한다는 것이 결혼하는 상대방뿐 아니라 하나님과도 약속하는 것이라는 정신이 번쩍 나는 사실을 깨닫고 큰 충격을 받았다. 약속을 지키는 것은 전능하신 하나님께 매우 중요한 일이다. 하나님은 당신이 하신 말씀을 반드시 행하신다. 그분은 약속을 반드시 지키신다. 따라서 만일 우리가 하나님을 기쁘시게 하고 그러한 가운데 우리의 결혼 생활과 가정을 영적으로 풍성하게 만들 수 있는 환경을 만들어가기 원한다면, 우리는 결혼 서약을 매우 진지하게 여겨야만 한다.

혹시 당신이 '음, 난 내 배우자와 이혼하고 우리 가정을 깨뜨릴 생각이 전혀 없으니까 이번 장은 건너뛰어도 되겠군' 이라고 생각한다면 결혼 서약을 깨뜨리는 것이 단순히 간음을 저지르거나 이혼하는 것만을 의미하지 않는다는 것을 분명히 말해주고 싶다. 너무나 많은 남편과 아내가 상대방을 향한 태도와 행동을 통해 자신의 결혼 서약을 어기고 있다.

당신이 서약을 하고 하나님과 배우자와의 약속에 참여하는 것은, 단순히 이혼하지 않겠다는 그 이상을 약속하는 것이다. 그 결혼 서약은 사랑하고, 아끼며, 존중하고, 돌보며, 희생하고, 자신의 삶을 배우자를 위해 바치겠다는 것을 다짐하는 것이다. 만일 당신의 가정이 하나님이 원하시는 영적 성장과 활력을 경험하기 원한다면, 서로에게 행한 그 신성한 맹세를 반드시 지켜야 한다.

우리는 오늘날 특별히 파괴적인 힘을 발휘하며 결혼 서약을 위협하는 두 가지 사실에 대해 깊은 관심을 갖고 있다.

이혼의 '이' 자도 꺼내지 말라

가장 훌륭한 결혼 생활을 원한다면 '이혼'이라는 말을 피하라. 이혼의 '이' 자도 입 밖에 내지 말라. 오늘 당장 하나님 앞에서 앞으로 배우자와의 어떤 대화 가운데도 이 말을 하지 않겠다고 맹세하라.

연구에 의하면, 일단 그 말이 입 밖으로 튀어나오면 그 말을 한 사람이나 들은 사람 모두에게 아주 현실적인 가능성으로 변한다고 한다. 그 말을 통해 배우자나 그 말을 듣는 자녀들을 협박하는 것은, 그들을 두려움이라는 정맥주사 요법으로 붙들어매는 것과 같다. 그러므로 이혼이란 말 대신, 약속과 헌신이란 말을 자주 하라.

만일 당신이 그 말을 이미 입 밖으로

> **"**
> 배우자와 아이들을 한 자리에 모아 이혼으로 겁을 주고, 그것을 가능성 있는 하나의 대안으로 생각했던 것에 대해 용서를 구하라.
> **"**

내뱉었고 그 말이 이미 당신의 입술을 떠난 상태라면 우리는 감히 당신에게 회개할 것을 권면한다. 하나님께 용서를 구하라. 배우자와 아이들을 한 자리에 모아 이혼으로 겁을 주고, 그것을 가능성 있는 하나의 대안으로 생각했던 것에 대해 용서를 구하라. 그런 다음 생각을 바꾸고, 아예 사전에서 이혼이라는 말을 지워버리라.

자녀로서 이혼에 대한 견해를 밝힌 글을 FamilyLife에서 받아본 적이 있다. 이 20대의 젊은 아가씨는 내(데니스)게 이런 글을 썼다.

> 나는 방금 당신이 진행하는 방송을 들었습니다. … 그리고 이 글을 꼭 써야겠다고 생각했습니다. 당신은 어떤 사람에게서 당신이 이혼에 대해 '너무 완고한' 입장을 갖고 있다는 우려가 섞인 편지를 받았다고 소개했습니다. 그 말에 나는 마음이 아팠습니다.
> 나는 스물여덟 살이며 전문직에 종사하는 미혼 여성입니다. 나는 불안정한 비그리스도인 가정에서 성장했습니다. 내게는 (현재까지) 다섯 명의 부모님과 그들 가운데 세 쌍의 부모님에게서 낳은 형제들이 있습니다. 그

런데 엄마가 지난 주일에 전화를 걸어 곧 여섯번째 부모님과 네번째 쌍의 형제들이 생길 것이라고 말했습니다. 나는 왜 하나님이 이혼을 미워하시는지, 그리고 왜 우리 역시 그래야 하는지를 내 존재 깊숙한 곳에서부터 깨달았습니다. 이혼에서는 좋은 것이 나올 수 없습니다. 전혀 말입니다. 이혼은 내게서 가정뿐 아니라, 결혼은 선하고 바람직한 것이라는 믿음을 빼앗아갔습니다. 부모님이 달콤하게 먹은 포도는 나를 더 이상 견딜 수 없게 만들었습니다. 이혼은 어떤 질문에도 대답할 수 없고, 어떤 문제도 해결할 수 없으며, 어떤 갈등도 풀지 못하고, 잠깐의 휴식도 제공하지 못하며, 어떤 위엄도 담아내지 못하고, 아무런 평화도 베풀지 못합니다.

이혼은 아무리 엄격하게 다루어도 - 특히 예수 그리스도의 교회 안에서 - 지나치지 않습니다. 나는 하나님이 자신의 신부와 맺으신 결혼 서약 가운데 이혼을 포함하지 않으신 것에 감사드립니다. 그리고 당신이, 무엇보다 우리 다음 세대를 위하여, 많은 남편과 아내들에게 하나님 앞에서 맺은 서약을 귀히 여기도록 가르

치는 일에 헌신하고 있는 것에 감사드립니다.[6]

당신은 왜 우리가 이혼이라는 말을 사용하거나 우리의 결혼 서약을 위협하는 다른 어떤 일들을 하지 않기를 원하는지 이해하는가?

은밀한 죄

이것은 주로 남자에게 적용되지만 점점더 많은 여성들에게도 영향을 끼치고 있다. 바로 음란물이다. 이것은 오늘날 수백만의 그리스도인들에게도 관련이 있는 문제다. 부부 간의 잠자리에 제삼자가 끼어들 여지는 없다. 그렇지만 한 배우자가 음란물을 통해 상상에 빠지게 되면 그런 상황이 빚어지게 된다.

음란물은 하나님이 계획하신 거룩한 결혼을 모독하는 것이다. 그것은 마음으로 간음을 저지르는 일이다. 그것은 속이는 것이다. 음란물을 보는 사람은 자기의 마음과 꿈을 자기 배우자가 아닌 다른 사람에게 주는 것이다. 음란물을 보기로 고의로 선택하는 것은 결혼 서약을 어기는 행위다.

전에는 음란물이란 주로 한 지역 안에서도 특정한 구역이나, 몇몇 특정한 잡지에 국한되는 일이었다. 그러나 이제 음란물은 인터넷을 통해 당신의 가정에서도 얼마든지 손쉽게 접할 수 있는 것이 되었다.

만일 당신이 어느 정도라도 이런 음란물에 손을 대고 있다면 회개함으로써 반드시 손을 씻어야 한다. 주 예수님께 당신이 음란물에서 완전히 손을 뗄 수 있도록 도와달라고 간구하라. 그러면 은혜와 용서와 능력을 발견하게 될 것이다. 그리고 그 싸움에 당신 옆에 있어줄 믿을 만한 조력자를 찾는 것이 무척 중요하다. 또한 필요하다면 상담도 하라. 그리고 중요한 일이지만 배우자에게 사실대로 고백하라(대부분의 결혼 생활 가운데 이 시점에서 경건한 상담가가 필요할 것이다).

우리는 음란물이 오늘날 결혼 생활을 파괴하는 주원인 가운데 하나라고 믿는다. 은밀한 죄가 당신의 삶과 결혼 생활과 가정에 자리를 잡지 못하게 하라. 당신은 왜 이런 것이 악으로 향하는 문이 되어 당신의 가정에 들어오게 하려는가? 하나님

> 만일 당신이 어느 정도라도 이런 음란물에 손을 대고 있다면 회개함으로써 반드시 손을 씻어야 한다.

은 당신이 그런 죄를 되풀이하는 것에 분명히 책임을 물으신다. 하나님은 반드시 당신과 계산을 하실 것이다. 하나님은 모든 것을 보고 계시고 알고 계시지만, 또한 당신에게 필요한 모든 은혜와 용서를 베푸신다. 우리는 당신이 자신의 몸부림을 배우자에게 밝혀서 당신의 가정에 영적 성장이 일어나고, 풍성한 열매가 가득하게 되기를 권고하고 조언한다.

대가와 영광

몇 년 전에 바바라와 나는 우리의 결혼 서약이 장차 무엇을 요구하게 될지를 한 단계 깊은 차원에서 배운 적이 있다.

나는 그때 사무실에서 한 정기 간행물을 읽다가 로버트슨과 뮤리엘 맥컬킨(Robertson and Muriel McQuilkin) 부부에 관한 이야기를 접했다. 맥컬킨 박사는 22년 동안 콜롬비아 성경학교와 신학교(현재 콜롬비아 국제 대학)의 교장으로 봉직했다. 그런 경우에 흔히 있는 일이지만 그동안 뮤리엘 여사는 가정 전선에서 로버트슨 박사를 뒷받침해주었고 교장의 아내로서 여러 방법으로 섬겨왔다. 그 부부는 성공적인 사역을 하는 한 팀이었다.

그러나 안타깝게도, 뮤리엘 여사의 건강이 악화되었고, 검사 결과 알츠하이머 병에 걸린 것으로 확인되었다. 갈수록 여사의 능력은 퇴보했고, 로버트슨 박사는 식사에서부터 목욕과 옷 입는 것 등에 이르기까지 점점더 뮤리엘 여사의 기본적인 요구들에 책임을 지게 되었다. 뮤리엘 여사는 이성적인 사고 능력을 상실했고 발음조차 불분명해졌다.

뮤리엘 여사는 점점더 다른 사람의 도움이 더 많이 필요해졌고, 로버트슨 박사가 학교에서 맡은 책임에는 변함이 없었다. 마침내 박사는 아내를 보호 시설에 수용시켜야 하는가에 대한 문제로 고통스러운 선택에 직면하게 되었다. 박사는 대학과 신학교 교장으로서 자신을 부르신 하나님의 소명에 최선을 다하고 싶었다. 그러나 그는 다른 한편으로는 인생에서 어떠한 일이 일어나더라도 아내 곁을 지키겠다고 약속했었다. 그 기사에서 맥컬킨 박사는 이렇게 말하고 있다.

> 시간이 지날수록 선택은 분명해졌다. 복잡한 계산은 전혀 필요 없었다. 나는 42년 전에 이미 약속하지 않았던가? "아플 때에도 건강할 때에도, … 죽음이 우리를 갈라놓을 때까지 …"[7]

나는 맥컬킨 박사의 이야기에 큰 감동을 받아 집에 있는 바바라에게 전화를 걸어 그 기사 내용을 읽어주었다. 내가 마침내 로버트슨 박사가 아내 뮤리엘 여사를 돌보기 위해 대학과 신학교 교장 자리를 사임하기로 결정했다는 얘기를 들려주었을 때 바바라는 울음을 터뜨렸다.

"바바라, 괜찮은 거요?" 내가 물었다.

한참 동안의 침묵 뒤에 바바라가 갈라지는 목소리로 대답했다. "데니스, 당신도 나를 그렇게 사랑할 건가요?"

"그렇소, 나 역시 당신을 그렇게 사랑할 거요." 나는 부드럽지만 단호하게 대답했다.

나는 로버트슨 맥컬킨 박사가 왜 자기 직업을 포기하고 아내를 돌보기 위해 가정으로 돌아갔는지를 설명하는 글에 전적으로 공감했다.

> 그렇지만 이 일은 가혹한 의무가 아니었다. 그것은 지극히 공평한 일이었다. 무엇보다도 아내는 거의 40여 년이나 되는 세월 동안 놀라운 헌신으로 나를 돌봐주었다. 이제 내 차례가 된 것이다. 그리고 아내는 그런 짝이었다. 설령 내가 앞으로 40년 동안 아내를 돌본다고

해도 아내에게 진 빚을 모두 갚았다고는 결코 말할 수 없을 것이다.[8]

우리는 모두 제단 앞에서 우리의 목숨을 걸고 맹세한 한 사람에게 그런 빚을 지고 있다. 그러나 로버트슨 박사가 말한 것처럼 그것은 '가혹한 의무'가 아니다. 오히려 그것은 하나님의 귀한 양들 가운데 하나를 돌보시는 예수님의 발자취를 따르는 영광스러운 기회다. 우리와 같은 사람들은 보통 맥컬킨 부부와 같은 시련을 겪지는 않을 것이다. 그러나 누군가 당신을 지극히 사랑하는 사람이 있고 그래서 그런 시련을 혼자 겪지 않아도 된다는 것을 알게 될 때 얼마나 든든하고 안심이 되는가?

당신은 스스로 맹세한 결혼 서약을 거룩히 지킴으로써 하나님을 높이며 튼튼하고 견고한 관계의 탑을 쌓아올리고, 가족 모두에게 조용한 기쁨과 안정을 가져다줄 것이다.

> **영적 씨앗 10**
> 오늘 밤에 조용한 시간을 내어 배우자와 손을 맞잡고 서로의 눈을 바라보면서 거룩함을 세워나가고 안정적인 결혼 생활을 위해 어떻게 서약했는지를 기억해보라.

기쁨을 누리라!

만일 당신이 영적으로 건강한 가정으로 성장시키는 일이 너무 무겁게 느껴진다면 당신에게 힘이 되는 말을 해주고 싶다. 기쁨을 즐기라!

순례자들의 작은 무리를 적군의 영토로 이끌고 들어가는 일이 기쁘고, 흥미진진한 경험이라는 이 말이 놀라운가?

너무나 많은 그리스도인 부모들이 늘 찌푸린 얼굴을 하고 있다. 밝은 표정을 지으라! 진흙탕 같은 일상에서 눈을 들어 약속의 지평선을 바라보라! 당신이 간절히 바라는 것인 당신의 보배로운 후손, 곧 하나님의 귀중한 후손들의 구원과 풍성한 삶을 하나님 또한 간절히 원하신다. 하나님은 당신과 그들로 인해 기뻐하신다. 그리고 풍성한 복을 당신의 작은 무리에게 쏟아부으시기를 원하신다. 이것이 바로 자녀를 양육하는 긴 여정 가운데 늘 웃으며 승리의 개가를 부를 선한 영혼들이 기뻐해야 할 이유다.

하나님은 우리의 가정이 오늘은 자라 꽃을 피우고 내일은 씨를 맺는 영적 화단이 되도록 계획하셨다. 그곳이야말로 믿음이 심겨지고 소망이 자라나는 오직 하나뿐인 중요한 장소다. 이 화단은 이전 세대가 심어놓은 잡초와 현재의 가뭄, 그리고 미래의 공격을 반드시 견뎌내야 한다. 그러나 세상의 다른 모든 것들은 시들어도 예수 그리스도께 헌신된 가정은 굳게 서서 현재와 다가올 세대에서 모두 즐거운 상급을 누리게 될 것이다.

우리의 아들들과 딸들을 향한 매일매일의 목표와 그들의 삶 가운데 어느 정도 개입할 것인가는 그들이 성숙해지고 마침내 가정이라는 울타리를 떠나게 됨에 따라 변화한다. 그러나 우리가 나이 들어감에 따라 우리의 영향력이 쇠퇴해져갈 것이라는 세상의 생각을 받아들여서는 안 된다. 시편 기자는 이렇게 말씀한다. "의인은 종려나무같이 번성하며 … 여호와의 집에 심겼음이여 … 늙어도 결실하며 진액이 풍족하고 빛이 청청하여 여호와의 정직하심을 나타내리로다"(시 92:12-15).

하나님은 당신이 늙어서도 번성하고, 진액이 풍족하며, 청청하기를 원하신다. 내일 청청함을 누릴 수 있도록 오늘 성장하라. 세월의 흐름 가운데 이 사실을 기억하라. 당신은 당신 가정의 멘토요 영적 지도자라는 생명의 역할을 담당하고 있다는 것을! 우리 부모들은 경건의 씨앗을 뿌리는 놀랍고 즐거운 특권을 갖고 있다. 그 씨는 우리의 자녀 세대뿐 아니라 그 자녀의 자녀에게까지 이어진다.

바바라와 나는 우리가 앞으로 맛볼 그 달콤한 열매를 이미 몇 입 맛본 적이 있다. 나는 우리 큰아들 벤자민(Benjamin)을 주립 대학교에 데려다주었던 날을 아직도 기억한다. 벤자민과 나는 신선한 공기를 마시려고 학생 기숙사를 빠져나와 트럭 뒤의 짐칸에 걸터앉았다. 그때 수많은 젊은이들이 우리 곁을 지나쳐갔는데, 대부분이 술을 마시고 있었다.

나는 내 아들 때문에 겁이 났다. 나는 내 '화살'인 우리 아들을 이 '어그러지고 거스르는 세대'를 겨냥하여 쏘고 싶지 않았다. 그래서 다시 전통에 집어넣고 싶어졌다. 나는 벤자민을 똑바로 바라보고 이렇게 말했다. "벤자민, 나는 알코올에

찌든 이 젊은이들을 보면서 너를 이 가운데로 보내는 것이 정말 지혜로운 일인지 의문스럽구나."

벤자민은 잠시 후에 눈을 들어 나를 바라보며 말했다. "아빠, 이곳은 제가 파송된 곳이에요. 제 사명이 쉽지는 않겠지만 만일 그게 쉬웠다면 이 사람들은 예수 그리스도가 필요하지 않았을 거예요. 아빠와 엄마가 저를 훈련시키신 것이 바로 이것을 위해서가 아닌가요? 하나님이 저를 이곳으로 보내셨고, 또 저를 지켜주실 거예요."

내 눈에서 눈물이 떨어졌다. 마음속에서 뭐라 형언할 수 없는 기쁨이 용솟음쳤다. 그렇다! 다음 세대가 하나님의 지상 목표를 완수하도록 양육하는 것은 우리가 매일매일을 희생할 가치가 있는 일이다.

친애하는 어머니, 아버지 여러분, 포기하거나 멈추지 마시라. 만일 당신이 이 책에서 제시하는 하나님의 원칙을 꾸준히 적용해나간다면 당신도 내가 느꼈던 기쁨의 순간을 반드시 경험하게 될 것이다. 사도 바울이 촉구한 것처럼 "푯대를 향하여 그리스도 예수 안에서 하나님이 위에서 부르신 부름의 상을 위하여 좇아가노라"(빌 3:14).

당신의 가정이 하나님과 그분의 계획에 전적으로 헌신되

도록 인도하라. 당신이 그 일을 올바로 해낼 때 당신의 가정이라는 화단은 무럭무럭 자라서 영적으로 풍성한 열매를 맺게 될 것이다!

그리고 그 여정 가운데 기쁨을 누리는 것을 잊지 말라!

출판사와 저자는 이 책에 대한 당신의 의견을 소중히 여깁니다.
www. familyfirstseries.com 사이트에 접속하셔서
글을 남겨주십시오.

미주

1. FamilyLife, "Top 10 Most Common Needs," Family Needs Survey, National Database(FamilyLife, Little Rock, Arkansas, 2001).
2. Barna Research Online, "Annual Study Reveals America Is Spiritually Stagnant," 5 March 2001. http://www.barna.org.
3. FamilyLife, "Spiritual Activity – Related to Reading/Discussing the Bible," Family Needs Survey, National Database (FamilyLife, Little Rock, Arkansas, 2001).
4. Alan Loy McGinnis, The Romance Factor (New York: Harper & Row, 1982), 198.
5. Charles Swindoll, Home Is Where Life Makes Up Its Mind (Portland, Ore.: Multnomah, 1979), 5.
6. 개인 서신. 허락 하에 인용.
7. Robertson McQuilkin, "Living by Vows," Christianity Today, 8 October 1990, 40.
8. 위의 기사, 40.

영적으로 건강한 가정 만들기

우리 가정을 행복하게 하는 10가지 영적 씨앗

1쇄 인쇄 / 2005년 1월 10일
1쇄 발행 / 2005년 1월 15일

지은이 / 데니스 & 바바라 레이니
옮긴이 / 김 창 동
펴낸이 / 양 승 헌
펴낸곳 / 도서출판 디모데 〈파이디온선교회 출판 사역 기관〉

등록 / 1998년 1월 22일 제17-164호
주소 / 서울 동작구 사당동 1045-10
전화 / 586-0872~4
팩스 / 522-0875
홈페이지 / www.timothybook.com

값 6,000원
ISBN 89-388-1146-8
Copyright © 도서출판 디모데 2003 〈Printed in Korea〉